libretto

LAISSEZ-MOI

MARCELLE SAUVAGEOT

LAISSEZ-MOI

(COMMENTAIRE)

Préface de
ELSA ZYLBERSTEIN

libretto

I.S.B.N. : 978-2-7529-0650-2

Née en 1900 à Charleville dans les Ardennes, Marcelle Sauvageot meurt à 34 ans, emportée par la tuberculose, quelques semaines avant la parution de la deuxième édition de *Laissez-moi.* Professeur agrégé de littérature, proche des surréalistes sans jamais les rallier, elle fut l'auteur d'une œuvre unique, dans tous les sens du terme.

PRÉFACE

« Dois-je douter de l'amour ou de vous ? » Marcelle Sauvageot, qui n'a que trente-quatre ans, nous fait vibrer au rythme de ses maux et des battements de son cœur qui saigne. Elle nous entraîne dans son tourbillon intime et fatal où la maladie et la détresse d'une passion perdue se mêlent et se nourrissent l'une l'autre. Ce mal irrémédiable, la tuberculose, qui la ronge et la tuera, lui donne une acuité et une insolence déconcertantes, une finesse et une distance qui lui permettent de sauver son âme et de sonder les turbulences et les fluctuations de cet amour qui s'est enfui. Elle vient de recevoir une lettre de l'homme aimé, ce «bébé», ce «double», lui annonçant qu'il en épouse une autre. «Je me marie... Notre amitié demeure...» C'est avec tant de violence, de souffrance, d'incompréhension et de colère qu'elle découvre cette nouvelle qui la terrasse et fait vaciller son âme abîmée et son corps qui la trahit. Elle tente de se redresser avec une force et une lucidité admirables et donne alors à cette lettre un écho universel et authentique. Cette femme en perdition nous étonne et devient une héroïne moderne, batailleuse, exigeante, provocatrice. Elle est déchirante de maturité et de dignité. Elle se questionne sur elle-même, sur ses doutes et ses vides, sur les hommes et les femmes. Elle est sur le fil de l'amour et nous bouleverse au plus profond de nous-même, tant son analyse et son œil acerbes détruisent avec un plaisir jouissif et une ironie cinglante le fonctionnement de cet homme fat et inconséquent qui daigne lui accorder son amitié. Elle lui répond alors fièrement que l'amitié, « c'est de l'amour plus fort et plus exclusif... mais moins "tapageur" ». Elle nous renvoie à nos douleurs intimes, à nos regrets, à l'irrationnel des mouvements de nos cœurs et, avec une grande élégance et une inimaginable pudeur, elle redresse la tête, s'éloigne en ayant mal devant « le vertige d'un vide où son cœur privé d'amour se sent défaillir à la pensée des jours creux qui vont venir ». Renonçant à la passion idéalisée et à cette envie d'union parfaite, elle désacralise ce « double » et dépeint avec arrogance et drôlerie cet homme devenu médiocre à ses yeux. Elle nous amène ainsi à décrypter en profondeur les sursauts d'une âme masculine, prête à lâcher cette encombrante victime, et décrète fièrement : « Pour que je me sois perdue, il aurait fallu que je fusse sûre de n'avoir plus besoin de moi. » Résistante jusqu'à son dernier souffle, elle nous fascine par son audace guerrière et lutte avec acharnement pour regagner sa liberté de femme bafouée. Elle reste fidèle à elle-même, et maîtrise son passé avec un détachement et une foi inébranlables.

J'ai vibré tous les soirs au rythme de ces mots, j'ai pleuré, respiré et donné vie à Marcelle Sauvageot avec tant de passion et de dévouement. Sous l'œil bienveillant de Laetitia Masson, nous avons chaque soir, aux Bouffes du Nord, en 2007, essayé de transmettre les pulsations intimes de cette lettre inoubliable avec joie et humilité. Un honneur et une grâce devant ce manifeste universel et déchirant. Un hymne à la vie qui vous donne envie d'aimer.

ELSA ZYLBERSTEIN

7 novembre 1930

«Tu vois là une preuve d'amour, n'est-ce pas?» Le rythme du train scandait cette phrase incessamment. J'avais froid; j'essayais de dormir, crispée dans un coin. – Comme j'avais froid! – Pourquoi ce train était-il parti? L'angoisse que l'on ressent quand on fait une bêtise me serrait la gorge; j'avais quitté un fragile bonheur pour retourner dans ce sanatorium; c'était bête. J'avais eu un peu de joie ces quelques semaines; sans doute allais-je, en compensation, recevoir un gros chagrin.

«Tu vois là une preuve d'amour, n'est-ce pas?» Je revoyais le visage tourmenté qui me disait cette phrase la veille au soir. Et je revoyais, par surimpression, ce même visage, tout près du mien, avec de grosses larmes dans les yeux, qui me disait : «Épousez-moi, vous me tromperez...» J'aurais voulu que la scène recommençât pour embrasser cette tête et dire : «Je ne vous tromperai pas.» Mais les choses ne recommencent pas; et cette phrase, je n'avais pas dû la prononcer, car je ne sais pas parler quand il faut, ni du ton qui convient. Je suis trop émue et je deviens dure pour ne pas me laisser aller à l'émotion. Comment pouvoir faire sentir tout le bouleversement que produit une émotion au moment précis où elle a lieu? Endormons-nous sur cette phrase berceuse et douce : «Tu vois là une preuve d'amour, n'est-ce pas?» Je t'envoie un baiser dans l'air. Si tu m'aimes, je guérirai.

Et quand je serai guérie, tu verras comme tout sera bien. Il me plaît de te dire «tu» puisque tu n'es plus là. Je n'ai pas l'habitude, il me semble que c'est défendu : c'est merveilleux. Crois-tu que je pourrai bien te dire «tu» un jour? Quand je serai guérie, tu ne trouveras plus que j'ai mauvais caractère. Je suis malade. Tu m'as dit que les malades s'efforçaient d'être plus doux avec ceux qui les entouraient; et tu m'as cité de beaux exemples. Je ne t'aime pas quand tu fais des sermons; tu me donnes envie de bâiller, et, si tu me fais des reproches, c'est que tu m'aimes moins : tu me compares à d'autres. Les malades sont doux, mais moi je suis épuisée; toute ma force s'use à continuer et à dire «merci» à ceux qui ne comprennent pas. Mais toi, qu'avais-tu besoin d'un «merci»? Tu n'as pas compris parce que tu ne sais pas. Je t'ai demandé de quelle humeur tu serais, si pendant huit jours seulement tu ne dormais pas. Tu m'as répondu que cela ne t'arrivait jamais, mais que ça ne devait pas être agréable. Évidemment tu ne comprends pas. D'ailleurs je sais : quand nous étions à la campagne, tu n'étais pas content; tu aurais voulu être à Paris où ton amie était. Alors tu étais pressé de repartir et tu me trouvais agaçante. Vois-tu, c'est encore une chose qui s'est tournée contre mes désirs : je croyais te faire plaisir en te demandant de venir. À Paris tu es bien plus gentil... et tu me trouves bien plus gentille : elle est là. Et puis tu n'aimes pas les malades. Tu serais d'avis, je crois, qu'on les enferme, qu'on les supprime. Il faudrait que tu sois malade.

«Tu vois là une preuve d'amour, n'est-ce pas?» Que faut-il croire de cette phrase? Je sais que tu ne m'aimes plus. Avec quel soin comique évites-tu de me dire : «Je vous aime!» Tu ne m'auras rien promis. Et pourtant il serait si bon pour moi qui suis seule et qui pars au loin de me bercer sur ton amour avec confiance. J'ai besoin de lui : je voudrais le retrouver quand je reviendrai guérie. La certitude que quelqu'un continue à aimer et à attendre, pour qui le reste n'est qu'un dérivatif momentané et sans pouvoir, est un grand bonheur pour un malade : il a la sensation que la vie qu'il a laissée s'est aperçue de son absence ; il ne peut pas imaginer un avenir neuf ; faible et souffrant de la rupture brutale avec le passé, ce qu'il demande à « plus tard », c'est de continuer en mieux ce qui était autrefois.

J'aimerais conserver en moi comme un talisman le souvenir d'hier soir. Fermons les yeux pour que l'illusion revienne. C'est la même chose qu'en rêve : il ne faut pas bouger. Je t'aime.

Lenay-Hauteville !

J'ai peur. Je voudrais ne pas descendre.

Je voudrais me mettre dans un coin où l'on ne me voie pas. Je voudrais m'oublier moi-même. Quelle joie ce serait de continuer le voyage très loin avec le train ! J'ai attendu en vain une indication du hasard : tout a paru me pousser à partir. Que fallait-il faire ? Maintenant il faut descendre et aller dans cette maison triste. Mais pourquoi faut-il ? Je sens dans les jambes l'hésitation presque voluptueuse qui fait rester immobile quand on a juste une minute pour faire une action décisive. On dit : « Je ne bougerai pas, je ne bougerai pas... » et à la dernière seconde on fait avec une rapidité incroyable, avec une espèce de folle panique, l'acte qu'on hésitait à accomplir. Je suis brave ; je suis descendue ; j'ai rempli toutes les formalités avec méthode pour me prouver que je suis forte. Quelqu'un m'aime à Paris : je reviendrai. Il pleut et il y a du brouillard ; il est quatre heures, le jour est presque tombé. Il ferait bon à cette heure dans un petit appartement bien chaud prendre le thé avec lui. Nous parlerions du temps où nous étions petits. Il pleut, et il fait noir. Je regarde intensément le sanatorium pour prendre d'avance toute la souffrance que je vais y ressentir. J'aurai peut-être moins mal. Des hommes et des femmes en robe de chambre, des yeux caves, des toux ; je me sens redevenir malade. Pourquoi suis-je revenue ? Et dans ma chambre je m'écrase sur une chaise ; un lourd manteau gluant d'ennui, de maladie, de désespoir me plaque les épaules : j'ai froid. Mon beau rêve s'en va en morceaux. Je n'entends plus la voix, je n'ai plus l'enveloppement de son amour. Quand, le matin, le jour nous éveille d'un rêve, nous essayons en fermant les yeux et ne bougeant pas de reconstituer la scène et de la continuer. Mais la lumière du jour a tout détruit : les paroles n'ont plus de timbre, les gestes n'ont plus de sens. On dirait un arc-en-ciel qui s'évanouit : quelques teintes survivent un instant, disparaissent, semblent revenir; il n'y a plus rien. C'est ainsi que tout mon beau songe s'en va. Est-il possible qu'il n'y ait plus rien? Je répète stupidement : m'en aller d'ici... et j'essaie de rattraper les morceaux pour faire revivre la soirée d'hier. Mais c'est un mirage qui se casse.

Demain je t'écrirai et je ne saurai plus te dire «tu», je t'écrirai et je ne saurai pas te dire tout ce que je te dis dans mon cœur. Toi qui es resté là-bas où l'on vit, peux-tu comprendre que je suis prisonnière? Je ne sais plus parler. Je suis là hébétée et je sens comme une vérité froide et sûre que, quand on est ici, rien n'est plus possible : tu ne peux pas continuer à m'aimer.

10 décembre 1930

J'ai beaucoup de lettres aujourd'hui : je lirai la sienne la dernière. Elle dira peut-être les choses que j'attends.

Depuis mon retour, ses lettres m'ont déçue et laissée inquiète : vraiment je crois qu'il ne m'aime plus. Depuis deux ans je suis malade, absente souvent; lui a continué à vivre; j'ai voulu croire qu'il m'attendrait : mais réellement m'attendait-il? Les choses lui paraissaient-elles provisoires et incomplètes? Attendait-il mon retour pour les faire épanouir? Ou bien mouraient-elles sans regrets de sa part, sûr qu'il était d'en trouver de plus belles quand j'aurais été là ?

Il est vrai que je suis maladroite ; je ne sais pas exprimer un sentiment ; dès que j'en ai dit quelques mots, je me moque de moi, je me moque de l'autre, je détruis par une phrase ironique l'impression produite. C'est une méfiance de moi ; c'est un étonnement de m'entendre dévoiler ce que j'éprouve comme le dévoilent tous les autres. Je m'écoute comme si c'était une autre personne qui parlait et je crois ne plus être sincère ; les mots me paraissent gonfler mes sentiments et les rendre étrangers. Puis il me semble qu'on va sourire ainsi qu'à une enfant qui parle de choses qu'elle ignore. Il n'est pas possible que ce soit moi qui dise : je vous aime. Si l'on me croyait et que je me sois trompée ! Il faut alors que je termine mes phrases par une pirouette qui semble dire : «Vous, vous m'aimez, puisque vous me le dites ; mais moi, je crains qu'en aimant comme je fais, ce ne soit pas ainsi que l'on aime : les autres doivent mieux savoir aimer que moi et mieux savoir le dire.» J'ai peur de découvrir un jour que je n'aime pas et, d'avance, je fais naître des doutes sur mes sentiments, je redoute qu'on en vienne à m'accuser d'insincérité; alors j'imagine mille circonstances où je suppose que mon amour fera défaut. J'affirme que je ne serai pas fidèle, alors que, pour ne pas déplaire, ne serait-ce qu'en pensée, à celui à qui j'ai dit que je ne l'aimais pas, je refuse à un autre de m'accompagner au théâtre ou de me baiser le bout des doigts. Et ainsi, en niant que mon cœur aime, je m'attache plus que celui qui me dit : je t'aime.

Je voudrais qu'on me devine : mais on ne voit que les pirouettes et l'ironie. Lui aussi n'a dû voir qu'elles; je ne lui ai rien montré d'autre. Est-ce que je n'ai pas trop demandé à son attente? Pourtant, ces jours derniers, il m'écrivait des lettres où sa jalousie perçait toujours. Il doit bien m'aimer encore. Cette lettre sera peut-être douce.

« Je me marie... Notre amitié demeure... » Je ne sais pas ce qui s'est passé. Je suis restée tout à fait immobile et la chambre a tourné autour de moi. Dans mon côté, là où j'ai mal, peut-être un peu plus bas, j'ai cru qu'on coupait la chair lentement avec un couteau très tranchant. La valeur de toute chose a été brusquement transformée. On aurait dit un film immobilisé dont la partie non encore déroulée n'aurait présenté que des pellicules sans images; sur les pellicules déjà vues, les personnages restaient figés dans des attitudes de pantins en bois : ils n'avaient plus de sens. Ils étaient riches de moi et de mon attente ; je ne savais pas ce qui allait leur arriver, mais je leur avais prêté mon âme ; comme rien ne se produit plus, l'action antérieure se vide et se brise ; j'ai l'impression d'avoir donné mon moi à une armature dont la raideur se rit de mon angoisse : je ne peux même pas m'en prendre à elle. Les gestes ébauchés dans la dernière pellicule impressionnée font mal ; ils étaient pleins de promesses : des pellicules vides tiennent ces promesses.

Quand une souffrance est inconnue, on a plus de force pour lui résister, car on ignore sa puissance : on ne voit que la lutte et on espère qu'une vie plus pleine reprendra plus tard. Mais quand on sait, on voudrait lever les mains pour crier grâce et dire avec une stupeur fatiguée : « Encore ! » On voit d'avance toutes les phases douloureuses par où il faudra passer et on sait qu'après il y a le vide.

Il y aura le réveil au petit matin, quand la souffrance est là encore impuissante et qu'on prie le Seigneur de vous laisser dormir encore. C'est comme une tumeur enveloppée d'ouate : et tout à coup un élancement violent se fait sentir. C'est une image petite, précise, qui, deux jours plus tôt, aurait paru inoffensive; c'est un geste, un regard, à peine remarqués autrefois, qui, vus en imagination, adressés à une autre, arrêtent les battements du cœur dans un spasme douloureux. C'est un projet imaginé en secret pour «lui» faire plaisir, dont l'inutilité se montre dans une grimace brutale. Dans la journée ou le soir, il y a des moments de calme, pendant lesquels on est étonné de ne rien sentir; et l'on guette la phrase, le son, le parfum qui va brusquement faire renaître le mal. La moindre petite chose est prétexte à pleurer; une phrase stupide lue dans un journal, qui, un autre jour, aurait fait hausser les épaules, jette dans un abîme d'attendrissement. Et l'autre, comment est-elle? On lui donne toutes les qualités et on les voit tous les deux, heureux toujours d'un bonheur extraordinaire; avant la nouvelle, ce bonheur-là paraissait anodin. Mais maintenant on se sent très misérable et on a envie de dire timidement : «Moi aussi j'aurais pu vous rendre heureux; vous me l'aviez dit.» On se révolte, on maudit, on voudrait une revanche. La revanche ne vient pas ou vient trop tard, quand on a oublié. Elle serait bonne maintenant, car elle permettrait à l'amour qu'on a encore de se donner et de triompher peut-être. Notre amour n'a plus de pouvoir sur «son cœur». Mais si, tout à coup, «il» se mettait à souffrir comme nous à cause de l'autre, ou bien s'«il» nous regrettait, croyant qu'il est trop tard, ce serait une joie d'accourir pour le consoler; l'amour, en consolant celui qui l'a repoussé, se console lui-même.

C'est dur de songer qu'il n'a plus besoin de moi.

Peut-être toute cette souffrance n'est-elle que l'effet de l'imagination qui suscite des images concrètes et exagère les sentiments ? Pourtant quand j'ai lu « je me marie », sans qu'aucune image intervînt, j'ai eu mal, mal simplement, sans aucune idée.

Il était naturel que vous me parliez de votre « amitié » plus pure, puisque débarrassée de désirs, de jalousie, d'attente. Il faut donner quelque chose ; alors on songe à l'amitié, « cette sœur plus noble de l'amour », et on l'offre en essayant de montrer que c'est bien mieux que cet amour qu'on donnait avant et qu'on donne à une autre maintenant.

Vous êtes assez persuasif ; d'ailleurs on n'est jamais aussi persuasif que quand on est dans votre cas. Comme il faut d'abord se convaincre soi-même, on trouve des arguments ingénieux et un ton chaleureux du plus heureux effet. Et quand on a terminé sa démonstration, on est si content d'avoir réussi quelque chose que si la personne à qui l'on s'adresse n'est pas convaincue, c'est qu'elle a vraiment mauvais caractère.

Savez-vous ce que c'est que l'amitié ? Croyez-vous que ce soit un sentiment plus tiède qui se contente des restes et des menus services que l'on ne peut éviter de se rendre ? L'amitié, je crois que c'est de l'amour plus fort et plus exclusif... mais moins « tapageur ». L'amitié connaît la jalousie, l'attente, le désir...

Vous étiez mon ami, vous vouliez m'épouser ; cela devait faire beaucoup d'amour.

Et dans la première lettre que je reçus de vous quelques jours après mon arrivée au sanatorium, vous avez écrit : « Je sais que maintenant vous êtes malade sérieusement. Mais ce n'est certainement pas par dévouement pour un autre que vous avez eu cette maladie. » Les autres, alors, ne me devaient rien, car la règle de toute amitié dans le monde, la règle de la vôtre était : « Donnant, donnant. » Je demandais souvent, je ne donnais pas toujours : je ne devais pas chercher ailleurs les causes de ce qui me paraissait être une désaffection de votre part.

Vous m'écriviez des lettres d'amour, vous m'écriviez des lettres jalouses ; vous avez été malheureux tout un soir, car un ami était resté trop longtemps entre nous, et votre dernière lettre disait une telle souffrance que vous ne pouviez la finir. Puis : « Je me marie… notre amitié demeure. » Je ne dis pas que vous m'avez joué une comédie : seulement, ce n'est pas en un jour que vous ne m'avez plus aimée.

Vous m'appeliez « ma grande » ; j'étais celle qui devait tout connaître et vous celui qui devait tout entendre. Mais vous n'avez pas parlé. Ne me dites pas que c'est ma faute et que je devais vous interroger. Un ami n'a pas besoin d'être questionné pour se confier.

Notre amitié sera une très jolie chose à l'avenir ; nous nous enverrons des cartes postales pendant nos voyages et des bonbons en chocolat au Nouvel An. Nous nous ferons des visites ; nous nous dirons nos projets au moment où ils se réaliseront, afin de vexer un peu l'autre et de ne pas subir sa commisération en cas d'échec ; nous prétendrons être ce que nous croyons être et non pas ce que nous sommes ; nous nous dirons beaucoup de « merci », « excusez-moi », des mots aimables que l'on dit sans penser. Nous serons des amis. Croyez-vous que ce soit nécessaire ?

14 décembre 1930

Il y a des romances qui commencent comme votre lettre : «Vous que j'ai tant aimée...» Ce temps du passé, quand résonne encore si proche le présent, est triste comme les fins de fête, lorsque les lampes s'éteignent et qu'on reste seul à regarder partir les couples dans les rues sombres. C'est fini : on n'a plus rien à attendre et pourtant on reste là indéfiniment, sachant que rien ne viendra plus. Vous avez des notes de guitare; on dirait par moments d'un refrain qui revient : «Je n'aurais pas pu vous donner le bonheur. » C'est une vieille chanson d'autrefois, semblable à une fleur séchée... Le passé devient-il si vite une vieille chose ?

Le Bonheur ? C'est un mot de complainte. Vous, vous le personnifiez, vous l'identifiez, vous le définissez. Peut-on vraiment parler de lui comme vous le faites ?

Quand un parfum plaît, on cherche à le retenir, à le retrouver ; on ne s'en laisse pas complètement griser, afin de pouvoir l'analyser et s'en imprégner peu à peu, au point d'en avoir la sensation physique rien que par le souvenir ; quand le parfum revient, on le respire plus lentement, plus doucement, pour sentir les effluves les plus ténus. Une bouffée brutale de parfum fait tourner la tête, mais laisse une sensation irritante d'incomplet, d'inachevé. Ou bien c'est une suffocation désagréable dont on voudrait se débarrasser afin de respirer librement, ou bien c'est une griserie brutale trop tôt finie parce que seul l'être nerveux a été touché.

C'est du bonheur d'être bouleversé et de ne plus rien savoir. Mais avoir encore un petit coin de conscience qui toujours sait ce qui se passe, qui, parce qu'il sait, permet à tout l'être intellectuel et raisonnable d'avoir aussi à chaque seconde quelque chose du bonheur qui arrive, avoir ce petit coin de conscience qui apprécie lentement l'évolution de la joie, la suit jusqu'à ses fins les plus extrêmes, n'est-ce pas du bonheur ? Il y a un petit coin qui ne vibre pas, mais ce petit coin reste le témoin de la joie ressentie. C'est lui qui se souvient et qui peut dire : j'ai été heureux et je sais pourquoi. Je veux bien perdre la tête, mais je veux saisir le moment où je perds la tête et pousser la connaissance au plus loin de la conscience qui abdique. Il ne faut pas être absent de son bonheur.

Ce coin de moi vous a jugé, vous a mesuré ; et en vous jugeant et en vous mesurant, je voyais vos faiblesses, vos insuffisances ; où est le mal si je restais, si j'acceptais ces insuffisances, si je les aimais ? Oh ! homme, tu veux toujours qu'on t'admire. Toi, tu ne juges pas, tu ne mesures pas la femme que tu aimes. Tu es là, tu la prends ; tu saisis ton bonheur, elle semble ne plus s'appartenir, avoir perdu toute notion : tu es heureux. Elle t'a crié : je t'aime, et tu es satisfait. Tu n'es pas brutal ; tu es doux, tu lui parles, tu t'inquiètes d'elle ; tu la consoles par des mots tendres, tu la berces. Mais tu ne la juges pas, puisque tu lui demandes d'être heureuse par toi et de te dire qu'elle est heureuse par toi. Mais si tu t'aperçois que deux yeux te regardent, puis sourient, tu te révoltes. Tu as l'impression qu'on t'a « vu » et tu ne veux pas être vu : tu veux « être » seulement. Avec inquiétude, tu demandes : « À quoi penses-tu ? »

Je pense à toi. Tu as un petit rire de la gorge et des dents que je n'aime pas. Tes yeux se ferment un peu, comme pour pénétrer l'esprit de ton interlocuteur et lui montrer que tu as vu clair en lui. Tes lèvres se retroussent légèrement sur des dents qui apparaissent noires et ta tête tout entière se tend en avant. Tu prends cet air quand tu exposes une théorie lumineuse que tu viens de découvrir ou quand tu as trouvé le moyen de ramener à un sentiment mesquin ce qu'on croyait être une belle pensée. Tu ressembles à un petit commerçant qui ne veut pas se laisser faire. Je suis gênée quand tu es ainsi : tu te rapetisses. Mais il ne faudrait pas que quelqu'un s'aperçoive de ce petit travers et fasse une remarque : je serais très méchante. Tu as des jugements curieux parfois, dans les domaines que tu prétends ignorer. Tu démontes un tableau, une œuvre musicale, un poème par ces mots : c'est facile. Tu veux, semble-t-il, reprendre ta position stable, compromise un instant par une chose plus grande que toi ; et tu as tellement peur du snobisme que tu nies le beau que tu as ressenti. Je sais et je n'aime pas. Mais si l'on insinuait quelques doutes sur ton goût et ton intelligence, je répondrais vertement comme si on m'insultait. Tu es un peu fat, tu te regardes dans une glace, à la dérobée, d'un coup d'œil satisfait, tu te redresses quand tu passes près d'une femme et tu la fixes en conservant une attitude faussement indifférente; si elle t'a jeté un regard, sûrement elle t'a trouvé bien; si on te parle d'une femme, tu coupes la parole pour dire : «Elle est jolie?» Tu m'amuses et j'ai envie de prendre un sourire moqueur. Mais qu'on ne dise pas que tu es un «joli cœur»; tes faiblesses sont à moi. Je les ai découvertes peu à peu en t'examinant sans trêve. Je souffre que tu aies ces travers, mais je ne voudrais pas que tu changes. Je t'en parle quelquefois en souriant. Je ne voudrais pas te froisser, ni te donner des conseils. Je voudrais que tu saches ce que je sais; et j'aimerais qu'au lieu d'essayer de ne pas te montrer tel que tu es, tu me dévoiles toutes tes petites laideurs. Je les aimerais, car elles seraient bien à moi. Les autres ne les connaîtraient pas, et c'est par là que nous

nous rejoindrions en dehors du monde. Rien n'est plus attachant que les faiblesses et les défauts : c'est par eux que l'on pénètre l'âme de l'être aimé, âme constamment cachée par le désir de paraître semblable à tout le monde. Il en est comme d'un visage. Les autres ne voient qu'un visage ; mais soi, l'on sait à quel instant précis la courbe du nez, au lieu de continuer sa ligne idéale, se casse imperceptiblement pour dessiner un nez ordinaire ; on sait que, de près, le grain de la peau est gros avec des points noirs ; on a trouvé la tache des yeux qui par moments éteint le regard, et le millimètre qu'a, en trop, la lèvre pour être distinguée. Ces petites irrégularités, on a envie de les embrasser plus que les perfections, parce qu'elles sont pauvres et qu'elles font que ce visage n'est pas celui d'un autre.

Ne te plains pas de ce que je te juge et te mesure : je te connais mieux et ce n'est pas pour t'aimer moins. Ce n'est pas moi qui n'avais pas de bonheur, mais vous. Vous auriez dû retourner la phrase de votre lettre et dire : «Vous savez bien qu'il n'était pas possible que vous me donniez du bonheur, parce que même aux moments où nous avons été le plus proches, vous avez toujours gardé un coin de vous… qui ne vibrait pas… qui me jugeait.»

D'ailleurs, était-ce vous que je jugeais ou moi-même ? Vous savez bien que je me regarde toujours vivre, que je me moque de moi, que je me dénigre, que je ris de mes élans et de mes enthousiasmes, que je m'enlève toute confiance en moi. Alors je n'avais pas non plus confiance en vous. Je n'étais pas sûre, malgré tout votre amour. Vous aviez beaucoup d'amies : je ne vous les reprochais pas ; j'aurais aimé vous entendre me parler d'elles, afin de savoir ce qui vous attirait près d'elles, loin de moi. Mais vous me disiez peu de chose. Je pensais que vous ne m'aimiez pas et je n'osais pas vous interroger, quand je voulais tant savoir. Je suis inquiète pour un regard, un mot, un silence… mais je dis : «Vous êtes libre», car je ne veux pas qu'on reste par contrainte et je voudrais bien qu'on reste quand même. Seulement, je comprends tellement bien qu'on ne m'aime plus, que je trouve sot de ma part tout effort pour lutter et retenir. Cet effort serait si vain que je ris de moi à la moindre velléité de protester : «Toi jalouse? Oh! non, ce n'est pas pour toi : ne dis rien. Ce que tu obtiendrais ce serait un sourire, quelques paroles d'apaisement douloureuses… Et il s'en irait quand même, aussi vite, pas plus vite… Alors : vous êtes libre.»

J'essayais de garder un petit appui en dehors de vous, afin de pouvoir m'y accrocher le jour où vous ne m'aimeriez plus. Ce petit appui, ce n'était pas un autre, ce n'était pas un rêve, ni une image. C'était ce que vous appeliez mon égoïsme et mon orgueil; c'était moi que, dans la souffrance, je voulais pouvoir retrouver. Je voulais pouvoir me serrer moi-même sur moi, seule avec mon mal, mes doutes, mon manque de foi. Dans la détresse, c'est parce que je me sens, que j'ai la force de continuer. Si tout change, si tout me fait mal, je suis moi avec moi-même. Pour que je me sois perdue, il aurait fallu que je fusse sûre de n'avoir plus besoin de moi.

Vous me décrivez votre fiancée par une période dont le rythme s'adapte à l'évolution de votre sentiment ; la phrase s'étire lentement, puis s'incline peu à peu jusqu'à la chute, où elle s'arrête sans bruit, définitivement, n'ayant plus assez de force pour aller plus loin : elle est là, arrêtée pour toujours, comme vous êtes là près d'Elle.

Si j'avais beaucoup de fatuité, je penserais que vous m'aimez encore et que c'est par obligation, pour ne pas peiner une jeune fille qui croit en vous, que vous vous éloignez de moi pour l'épouser. Mais rassurez-vous : je n'ai aucune fatuité ; j'ai seulement souri de quelques mots : «obligé», «peur de la décevoir». J'ai pensé aussi que si j'étais votre fiancée et si je lisais cette phrase, je serais attristée. Je n'aimerais pas qu'on m'épouse pour ne pas me décevoir; pour ne pas me montrer qui on est. Ce demi-mensonge à la base d'une union me froisserait; il me semble que je préférerais m'en aller. Mais ce sont mes idées à moi. D'ailleurs votre fiancée n'a pas lu cette phrase : elle ne sait pas «ce que vous êtes». Et si elle savait, il est probable qu'elle serait heureuse de cet hommage rendu à son amour. Une femme aimante n'est-elle pas ravie du choix que l'homme fait d'elle en récompense de son amour complet? Vous enrichissez votre sentiment d'une reconnaissance confuse et heureuse pour le bonheur qu'Elle vous donne, dont vous n'êtes pas digne et que vous ne pourrez lui rendre. Tout ceci, avec un brin de superstition, me fait un peu «grincer des dents»; je ne sais pourquoi, car ce que vous dites est le chant éternellement bête, mais éternellement vrai, de ceux qui aiment et sont aimés. Je ne me moque pas. Ce que vous dites dans cette phrase, sous tous ces mots, c'est que vous aimez, et que vous aimez une femme différente de moi, que vous l'aimez pour tout ce qu'elle a de contraire à moi, que vous l'aimez depuis longtemps sans avoir jamais voulu me le dire.

L'an dernier, à la campagne, le lendemain de votre arrivée, nous étions montés à mi-chemin de la côte; assis dans les grandes herbes sèches, nous regardions la plaine et je m'étais mise tout près de vous. Doucement, je vous ai parlé de votre amie : vous n'avez pas répondu. J'ai insisté, et, d'une voix un peu sèche, vous avez dit que c'était une partie de vous que je n'aimais pas et que vous préfériez ne pas me la montrer. Votre regard est allé au loin; vous avez eu, de la main, le geste de quelqu'un qui ne serait pas compris; puis vous m'avez regardée en ayant dans les yeux la supériorité de celui qui ne veut rien dire. Vous avez parlé d'autre chose. Je me suis tue ; un voile sombre s'était étendu sur la joie que j'avais de vous revoir. Depuis six mois, j'étais malade, loin de vous. Vous ne m'aviez pas oubliée, mais quelqu'un vous faisait me voir autre que j'étais. Vous m'avez fait des reproches sur mon caractère, mes goûts... Vous avez pris le parti de ce que je n'aimais pas : je sentais confusément que vous pensiez à une personne entièrement opposée à moi et que vous faisiez sans cesse une comparaison. Vous aviez des idées fixes sur moi ; et vous guettiez dans mes paroles, mes gestes, tout ce qui pouvait se rapporter de gré ou de force à ces idées fixes. Vous m'avez prêté des sentiments mesquins, un égoïsme monstrueux, des exigences... Et j'ai renoncé à vous dire que vous vous trompiez, car vous aviez l'assurance de ceux qui savent dire « ce n'est pas vrai », et qui savent rire de ce rire qui arrête toute protestation, parce qu'on sent que rien ne pourra entamer

« sa vérité ». Vous avez approuvé ce qu'autrefois vous trouviez sot, vous avez ruiné ce qui semblait être votre pensée intime. On aurait dit que vous cherchiez à me tuer en vous. J'ai eu mal ; peu m'importaient les défauts que vous me reprochiez et les qualités que vous me reconnaissiez : vous ne vouliez plus me voir telle que j'étais ; et j'ai pleuré de me voir ainsi détruite.

Vous m'avez expliqué comment vous reconnaissiez l'amour d'une femme « sans droits et sans exigences ».

Si vous avez envie de passer une journée entière à cracher dans l'eau pour faire des ronds, la femme qui vous aime restera une journée entière, sans rien dire, à vous regarder faire des ronds dans l'eau : elle sera heureuse parce que cette occupation vous plaira. Et si, tous les jours, vous avez envie de faire des ronds dans l'eau, cette femme, tous les jours, restera là à vous regarder faire. Vous avez ajouté que je ne pourrais rester ainsi. Je suis obligée d'avouer que non. Je tâcherais tout d'abord de dormir ou bien de faire moi-même quelque chose ; et, si ce n'était pas possible, je ne pourrais m'empêcher de vous dire que vous êtes bête et que vous feriez mieux de m'embrasser. Puis j'irais à côté de vous faire aussi des ronds dans l'eau, afin de faire ce que vous faites, et j'inventerais le jeu des plus grands ronds ou des plus petits. Est-ce que vraiment vous auriez pu rester à côté de moi à me regarder faire des ronds dans l'eau ?

En Corse, après une longue promenade, à travers les arbustes du maquis, j'ai débouché sur un chemin découvert. Je tenais mon cheval par la bride ; sa tête était au-dessus de la mienne, et moi, j'apparaissais à peine entre deux arbousiers : je tenais des pivoines roses sur ma poitrine. J'aurais voulu que vous fussiez là pour qu'il vous fût possible de sentir le parfum des plantes du maquis ; vous auriez compris le goût que j'ai parfois pour le sauvage ; vous auriez été simple et sauvage comme moi et nous nous serions aimés. J'ai serré mon cheval dans mes bras et j'ai brisé les pivoines. Il n'y avait personne pour aimer ce que j'aimais.

Sur les gondoles vénitiennes, le soir, le long des canaux fétides où le *Sole mio* s'éraille sous les lanternes tricolores, près de ces palais morts et tristes, j'ai pleuré d'être seule et de savoir que vous ne voudriez pas vous laisser prendre avec moi par ce charme morbide.

Du haut des montagnes, glissant comme dans un rêve sur les grandes pentes de neige blanche, j'ai pensé à garder dans mon cœur la vision merveilleuse, afin que, revenue près de vous, je puisse vous la faire voir; j'ai cherché les mots ardents capables de vous faire goûter ma joie et de vous donner le désir de venir avec moi. Mais vite vous ne m'avez plus écoutée et vous avez pris un air sombre.

J'ai voulu vous emmener voir des danses et entendre des concerts uniques.

Toute ma volonté se tendait pour que vous fussiez content, et mon bonheur était plus grand quand vous aviez été ému. Mais vous résistiez pour m'accompagner, et vous avez cessé de vouloir venir.

Partout où j'étais, vous étiez en moi. Vous vous posiez devant mes sensations. Elles étaient tristes parce que vous n'étiez pas là. J'essayais de les garder avec tous leurs détails pour vous les apporter presque brutes. N'avez-vous jamais senti la passion que je mettais à tenter de vous les faire vivre ? Je pensais à vous avoir toujours avec moi pour que vous sentiez ce que je sentais, pour que rien de moi n'ait lieu en votre absence : la lueur du soleil dans mes yeux, l'attitude de mon corps dans une danse... Et j'étais impatientée, si je me sentais atteindre un bel épanouissement quand vous n'étiez pas là. Un succès me comblait, car je pouvais vous le dire ; un ennui devenait léger, car je pouvais vous le conter. J'ai voulu faire plus de choses, toujours plus choses, pour vous apporter cet accroissement de ma richesse.

Et, le soir, dans les rues de Paris où toujours je passais vite sans rien voir, j'ai essayé d'aimer ce que vous aimiez. Je mettais timidement mon bras sous le vôtre comme tous les couples de la rue, et, curieuse de sentir comme vous, j'ai aimé le parfum du brouillard, le frôlement de la foule, l'agitation des petites midinettes. Dans les rues sombres, moi qui déteste toute démonstration publique, j'ai pris plaisir – un plaisir défendu – à vous rendre vos baisers peu «confortables», mais doux parce que vous les aimiez. Dans les après-midi chauds de l'été, sur le divan de ma petite chambre, nous avons chanté des romances, airs de danse vieux de dix ans; les paroles étaient bêtes et je ne suis pas sentimentale; mais près de vous, dont l'âme plus que la mienne est «petite fleur bleue», je me laissais prendre à la mélodie simple de ces airs, qui évoquent la foule émue et captivée par le chant fruste de la tendresse humaine. Le «tango du rêve, tango d'amour» me faisait me rapprocher un peu plus de vous... J'aurais voulu lire ce que vous aviez lu et voir ce que vous aviez vu. Mais vous me disiez seulement quelques mots rapides, comme si cela n'était pas pour moi.

Quand on parlait d'amour près de moi, je pensais au vôtre, et je souriais; quand on parlait des «hommes» et du mal qu'ils font aux «femmes», je souriais encore, car je pensais que vous n'étiez pas de ces «hommes».

Mais cela n'était pas vous aimer, parce que je voulais encore m'enrichir, parce que je ne voulais pas me détruire pour devenir une forme consentante qui ne désire plus s'accroître, mais s'endort dans l'admiration enfantine de l'homme aimé et se laisse guider par lui.

Il est curieux comme souvent un homme, au moment où il pense à s'unir avec la femme qu'il aime depuis longtemps, est obsédé de principes moraux et sociaux. Cette femme, il l'aimait parce qu'elle était forte, indépendante, riche d'idées personnelles ; s'il songe à l'épouser, ses instincts de domination, d'amour-propre et sa préoccupation du « qu'en-dira-t-on » transforment la force en révolte, l'indépendance en orgueil et mauvais caractère, les idées personnelles en égoïsme et exigences. Il fait observer que la vie est faite de menus incidents journaliers auxquels il faut se plier et en vue desquels il faut se façonner une « mentalité » moyenne. Il est bon de préciser d'avance les rôles de chacun, car ce n'est plus l'heure de jouer aux enfants. L'homme sera à l'égard de sa femme respectueux, aimant ; il dira d'une voix douce qu'il ne faut pas aller ici ou bien qu'il ne faut pas aller là, qu'il faut se tenir comme ceci et non comme cela, parce que c'est l'habitude de tout le monde ; la femme dira « oui, mon chéri » ; et quand elle sera avec ses amies, on l'entendra mêler sa voix au chœur universel qui répète orgueilleusement ces mots : «mon mari». Elle met à prononcer ce mot un ravissement plein de superbe, étonnée qu'elle est d'être maintenant parmi l'élite qui peut dire : «mon mari». Chacune à l'envi renchérit sur ce que le «mari» fait, sur ce que le «mari» dit; toutes les tendresses ou les reproches du «mari» sont dévoilés béatement, comme autant de joyaux apportés en offrande, à la jeune femme. À chaque question posée ou sujet abordé, on est sûr d'entendre : «Je demanderai à mon mari», ou bien : «Mon mari m'a dit...» Pendant que j'écris ces lignes, j'entends sur la terrasse près de la mienne un groupe de femmes jeunes et jolies discuter avec animation et enjouement. Je ne comprends pas ce qu'elles disent; mais je distingue nettement comme un refrain incessant et fréquent «mon mari»; quand je les croise à la promenade ou au déjeuner, si je surprends quelques mots de leur conversation, ces mots sont toujours : «mon mari». Faut-il vraiment devenir ainsi et ne peut-on penser qu'avec les idées du mari ? Je peux faire sourire et donner à croire que c'est le dépit qui me fait ironiser. Pourtant, je m'ennuie tellement avec toutes ces femmes qui parlent de leur mari !

Bien des phrases de votre lettre ont appelé en moi toutes ces pensées « féministes ». Est-ce intentionnellement que vous n'avez pas compris pourquoi je vous demandais de me rendre mes photographies ? Je n'ai pas la fatuité de croire qu'elles vous rappelleraient mon souvenir et que ce souvenir serait une gêne dans votre vie nouvelle : la vie de chaque jour usera vite la vitalité des choses passées. Je n'ai pas voulu non plus faire le geste traditionnel que font les amants quand ils se quittent. Je vous laisserais bien toutes ces choses du passé, parce qu'elles n'ont plus de sens ni d'importance. Seulement, j'ai pensé à votre femme. Que vous ne lui parliez pas de moi, je le comprends ; mais il ne faut alors rien garder de moi chez vous : ce serait un secret gênant qu'elle pourrait découvrir. Si vous lui parlez de moi, j'ai un certain malaise à penser que ce sera peut-être du ton dont vous me parliez d'autres femmes que vous aviez aimées. Il y en a une dont vous m'avez dit, pour expliquer votre rupture : « J'en avais assez. » Vos yeux s'étaient durcis ; vous aviez pris une voix rauque, voilée, du fond de la gorge, et votre regard s'était pendant un moment fixé au loin. C'était une raison sans appel ; on en dit autant, au sortir de table, quand on a bien déjeuné : on aurait tort d'insister. Quelques secondes plus tard, vous vous êtes frotté les yeux longuement, et vous avez ajouté avec un soupir venant du fond du cœur : « Elle est mariée : je lui souhaite sincèrement tout le bonheur possible. » Je ne sais pas pourquoi l'on attache de l'importance aux paroles qu'un ami dira de vous plus tard. Est-ce orgueil ? On veut ne pas être traité comme d'autres. Aussi, pour l'instant, je préférerais pouvoir me dire que vous ne parlerez jamais de moi. Mais il y a mes photographies que votre femme peut trouver. Vous me direz que vous vous « chargerez » de la souffrance que cette découverte peut lui causer. Je ne voudrais pas que vous vous en « chargiez ». Je suis froissée dans un certain sentiment très profond d'amour-propre féminin. J'imagine que vous la consolerez : vous serez beaucoup plus tendre, plus câlin, plus attentif; vous ferez s'évanouir les questions sous des caresses : vous vous « arrangerez ». Ne sentez-vous pas quelle humiliation ce peut être et quelle haine peut naître de là ? Je ne veux pas que vous ayez à vous charger de cette consolation à cause de moi.

Pourquoi me dites-vous : « Existe-t-il celui pour qui vous êtes faite ? » On dit à une femme : « Celui pour qui vous êtes faite », et à un homme : « Celle qui est faite pour vous »; voit-on : « Celle pour qui vous êtes fait » ? L'homme est : tout semble avoir été mis à sa disposition... même quelque part dans le monde une femme à sa convenance, dont l'union avec lui préexistait à sa naissance. Ces mots – «pour qui vous êtes faite» – enferment une adaptation obéissante et soumise dont dépendra le bonheur d'une femme. Chose étrange : la femme est faite pour l'homme et c'est à elle que le bonheur ira. L'homme ne peut-il avoir le bonheur, ou bien son bonheur est-il de sentir la souplesse consentante de celle qui est faite pour lui ? Un homme qui caresse un beau chat siamois cherche-t-il à savoir ce que disent les yeux clairs de la bête ? Ou pense-t-il que seule la caresse peut émouvoir cet animal ?

Je trouve très jolie cette idée de la préexistence d'une union. Une légende japonaise, je crois, prétend qu'à la naissance la lune attache par un ruban rouge le pied d'un futur homme au pied d'une future femme. Pendant la vie le ruban est invisible, mais les deux êtres se cherchent et, s'ils se trouvent, le bonheur pour eux est sur terre. Il en est qui ne se trouvent pas ; alors leur vie est inquiète et ils meurent tristes : pour eux le bonheur commencera seulement dans l'autre monde : ils verront à qui le ruban rouge les attache. Je ne sais si je trouverai en ce monde le ruban rouge qui m'attache ; je crois que cette légende est, comme toutes les légendes, une consolation poétique. Celui pour qui l'on est fait, n'est-ce pas celui pour qui l'on accepte d'être fait ? Celui-là, pour moi, eût pu être vous.

Je sens constamment dans votre lettre le désir que vous avez de voiler la simple et unique vérité qu'elle contient sous des raisonnements de mots, des humilités, des subterfuges… presque. Il en est d'amusants.

« Sans doute aviez-vous raison, je le sais… mais qui sait ce qui serait arrivé si vous n'aviez pas eu raison ? »

C'est ainsi que finit votre première phrase. Je ne peux m'empêcher de penser au fameux : « Qu'arriverait-il si tout le monde en faisait autant ! » C'est une phrase qu'on emploie quand on ne sait plus que dire ; comme en même temps on lève un peu les yeux au ciel pour le prendre à témoin, on a l'air d'apporter un argument de haute valeur. Si je n'avais pas eu raison de ne pas avoir confiance, ou bien j'aurais fini par avoir confiance… ou bien les choses auraient continué comme elles allaient : je n'aurais pas eu confiance, vous m'auriez aimée encore…

Pourquoi cette humilité ? « Je sais que ce que je vous écris pourra vous sembler contradictoire… ne pas tenir debout. »

Je ne peux pas trouver une seule chose contradictoire dans les sentiments que vous venez de m'exposer. Mais vous êtes celui qui, se croyant à bout d'arguments (alors que tout ce qu'il a dit est clair, définitif, indiscutable), se penche vers son interlocuteur, le regarde fixement, fait appel à de grands sentiments et accepte de paraître manquer de logique pour qu'on acquiesce à ce qu'il dit. Plus tard, il rétablira l'ordre des choses et se trouvera logique. Remarquez, du reste, que, sous cette apparence, c'est moi que vous accusez d'illogisme. Il faudrait que je sois affligée d'un sens bizarre du raisonnement pour ne pas comprendre et essayer de parler de mes «idées», quand vous chantez des sentiments. Peut-être m'arrêterai-je seulement au mot «amitié» pour constater en souriant combien souvent vous l'employez maintenant avec moi. Quand je disais timidement «amitié» vous répondiez avec fougue «amour». Aujourd'hui si je montre un peu de mon amour vous paraissez étonné et «ne mettez pas un instant en doute mes sentiments actuels».

Cette formule – «Je ne mets pas un instant en doute» – accorde tout ce qu'on veut parce qu'elle laisse prévoir que cela n'a plus d'importance : les mots qui suivront diront : «Mais… je regrette…» Inébranlable dans une décision… ou un raisonnement, on peut assurer avec force «qu'on ne met pas un instant en doute…» Vous avez cherché dans le passé une phrase par laquelle je semblais vous dire que je ne vous aimais plus : «Vous m'avez toujours dit que ce que vous aviez aimé en moi, c'était "Bébé" et vous ne m'avez pas caché que "Bébé" n'était plus.» Et vous vous couvrez de cette phrase sans vouloir vous souvenir que vous ne l'acceptiez pas. Maintenant, vous l'accueillez avec joie, car elle vous permet d'échapper au reproche d'infidélité. Je pourrais, simplement, à mon tour vous dire : «Vous m'avez souvent dit que vous m'attendriez... Vous ne m'avez pas dit que vous ne m'attendiez plus.»

C'est un art de savoir ainsi s'assurer une retraite ; et votre «... et vous ne m'avez pas caché» s'harmonise heureusement avec «je ne mets pas un instant en doute» : je vois le petit marchand qui repousse une affaire qu'il ne veut plus conclure.

«Bébé» était un petit jeune homme pâle, vêtu de noir. Il avait de beaux cheveux à reflets bleus et de grosses lunettes derrière lesquelles de petits yeux bruns regardaient avec insistance. Ils voulaient être insolents : réellement ils étaient timides et semblaient se donner. Bébé ne paraissait pas appartenir à un «monde». On aurait dit qu'il avait poussé là en dehors de tout groupe. Il avait beaucoup de systèmes et de théories ; mais les uns et les autres disparaissaient et se créaient rapidement au gré des jours : c'était comme s'il n'en avait pas eu. Il avait conservé tous les préjugés, mais il paraissait ne leur attribuer aucune valeur : il les avait gardés seulement pour être capable de comprendre ceux qui les observaient encore et ceux qui s'en étaient affranchis.

Il ne me connaissait pas et ne connaissait aucun de mes amis : il n'avait en lui aucun portrait de moi qu'il me faudrait respecter ; et, comme il n'appartenait pas à un «monde», il n'avait pas en lui un portrait type de femme contre lequel le mien se heurterait. J'eus tout de suite envie de lui parler de moi. Depuis toujours je cherchais quelqu'un devant qui je pourrais dérouler mon film. Tout être humain n'éprouve-t-il pas cette faiblesse? Je me parlais à moi-même, mais l'austérité de ce monologue me fatiguait parfois; il est tellement plus facile d'avoir un complice qui plaigne, approuve, écoute; on prend de l'importance; les choses qu'on dit deviennent tangibles, forment un univers de roman où l'on prend un rôle. Jusqu'à quel point respecte-t-on l'absolue vérité? Puis ces petits romans se vident de leur souffrance : celle-ci se fixe, devient une entité extérieure à l'âme. J'avais, par moments, besoin de cette facilité. Je me raidissais pour garder mon intégrité; mais, pour rassurer ma méfiance, je pensais qu'après avoir conté ma vie, je l'aurais débarrassée de tout caractère anecdotique : elle m'apparaîtrait dans son élan. J'avais besoin d'un double.

Le jeune homme vêtu de noir aux yeux qui se donnaient me plut; je l'appelai «Bébé» et je lui parlai tous les jours. Je lui contais par le menu chacune de mes minutes et quand il n'était pas là, c'était à lui que désormais je parlais tout bas. Chaque chose ne prenait vraiment sa valeur et sa saveur qu'après que je la lui avais exposée : non que je le prisse pour guide, mais il était le point d'où je partais pour agir et réagir. Et je l'aimais comme s'il avait été moi-même. J'aurais voulu le choyer beaucoup ; il m'était très précieux et j'avais peur de le perdre.

Mais, un jour, je sentis que Bébé n'était plus. Il n'avait plus ses habits noirs ; il était entré dans un « milieu » et ne comprenait plus l'homme qui se tenait à l'écart. Pour peu qu'on l'excitât, il aurait crié « taïaut » ; et sa doctrine, fixe désormais, était de vivre médiocre pour être heureux. Il ne voulait plus me suivre. Et mes histoires lui faisaient hausser les épaules. Bébé était mort et c'était Bébé que j'aimais. Mais celui qui restait lui ressemblait tellement que l'illusion demeurait, et je ne renonçais pas. On ne se sépare pas de son double en quelques instants parce qu'il a brusquement disparu. On poursuit son image, son souvenir ; on souhaite s'être trompé ; je pensais qu'il n'était pas mort, qu'il reviendrait plus tard quand j'irais mieux. Se pouvait-il qu'il eût rejeté tout ce que je lui avais dit ?

Vous avez trouvé mon influence « néfaste ». Aujourd'hui vous rappelez cette influence et vous trouvez qu'elle est un titre à notre amitié. Pourquoi ? Les histoires que je vous ai contées, l'influence que j'ai pu avoir sur vous, ne sont plus. Nous avons changé la tonalité des deux êtres qui les faisaient vivre... Et ce qui me fait souffrir, ce n'est pas tant la mort d'un amour que celle d'un être vraiment vivant que nous avions créé l'un et l'autre, que peut-être moi j'avais créé seule... Cet être était une union de vous et de moi, tels que nous nous voulions l'un et l'autre. C'était vous comme j'avais besoin que vous fussiez ; non pas un admirateur de ma personne comme vous l'avez prétendu, mais un homme qui m'aimait ;

qui, à cause de cet amour, trouvait de l'intérêt à tout ce qui venait de moi ; devant lui, je pouvais avoir tous mes défauts et toutes mes qualités ; je pouvais me laisser aller au désordre... ce désordre lyrique et inattendu où tous les instincts se livrent en paroles et en cris pour ensuite permettre aux sûres directions de l'âme de retrouver la route et de continuer. Et j'imaginais qu'aucun de ces abandons ne troublait votre amour et votre confiance.

Puis il y avait, dans cet être créé, la femme mystérieuse que j'étais pour vous. Je ne savais pas quelle vie vous trouviez près de moi : bonheur, joie, angoisse, ennui... Que de questions ! Je n'y répondais pas. À certains moments, je me croyais indispensable, à d'autres un accident. J'avais des instants de confiance et des heures de tristesse. Et il fallait que je ne sache pas ce que j'étais pour vous, comme il fallait que vous ne sachiez pas ce que vous étiez pour moi. Le charme entre nous devait durer aussi longtemps que nous garderions l'inquiétude créée par l'ignorance que nous avions de notre image chez l'autre. Qui a rompu ce charme? Nous avons cru voir l'image fixe que l'autre avait de nous et nous avons fixé la sienne en nous. Est-ce là ce qui nous a séparés?

Oh! ne croyez pas que je vous aie vu alors comme un «pis-aller». Il n'est pas utile de vous faire humble de nouveau et de vous traiter d'«objet». Je ne peux pas m'empêcher de penser que c'est par fausse humilité que vous parlez ainsi. Il y a quelques mois vous pensiez que vous approchiez de l'homme qui pouvait me plaire. Vous savez que la résignation n'est pas le propre de mon être; j'ai quelquefois l'apparence du renoncement, mais je médite toujours quelque moyen de «tourner» ce renoncement. Aurais-je alors consenti à vivre avec vous par résignation? Le tourment d'aimer ne me presse pas au point de chercher un pis-aller; et si vraiment je le faisais, je ne vois pas pourquoi c'est à vous que j'aurais songé; votre défection, si je puis dire, ne me peinerait pas comme il apparaît qu'elle fait : je me résignerais de nouveau à prendre un autre objet. N'y a-t-il pas chez vous, même quand vous paraissez vous effacer, une petite fatuité assez précise qui ne renonce pas ?

Vous voyez dans mes élans, dans mes choix, des intentions que je n'ai pas. Je pense que les piètres résultats de ma diplomatie amoureuse prouvent que je ne me demande pas souvent si j'ai raison d'aimer. Il est bien possible que vous n'ayez été réellement pour moi qu'un pis-aller, mais ce n'est pas ainsi que je vous voyais. Je commençais à sentir que vous aviez pris pour moi une place à part. Pourtant, votre intelligence ne me comprenait pas mieux, peut-être moins bien ; votre amour ne se prouvait pas plus délicatement ; votre dévouement n'éclatait pas davantage ; tout chez vous était peut-être médiocre. Mais je préférais ce qui venait de vous. Pourquoi ?

Cette préférence, vous l'expliquez par le seul goût que j'avais de vous aimer ; et votre attirance vers moi était le désir de me conquérir.

Or, autrefois, votre amour, c'était « ce désir de me conquérir toute » uni à une proportion beaucoup plus grande de dévouement, d'affection, de pensées incessantes... Bref à tous ces sentiments qui, mêlés, confus, forment justement ce que l'on nomme « l'amour ». Maintenant cet amour est formé par un petit élément, le plus maigre, le moins capable de produire : « désir de conquérir » sur lequel vous avez soufflé pour qu'il remplisse tout de son vide. Aimer, c'est pour l'un, conquérir, pour l'autre, se soumettre... et tout le reste reçoit les noms vagues d'amitié, affection, dévouement...? Dois-je douter de l'amour ou de vous? Heureusement, en effet, qu'il n'y avait pas que cela entre nous; mais ce qu'il y avait d'autre, je l'appelais «amour».

Dans ce triste mois d'octobre auquel vous faites allusion, j'étais abattue par la souffrance causée par un autre que vous. C'était à vous que, spontanément et par choix, entre bien d'autres plus qualifiés, semblait-il, j'avais demandé la force d'oublier et de rire. Je vous priais de m'écouter parler de l'autre; je le regrettais quand vous étiez là, je vous en voulais presque de ne pas être lui. Votre amour discret et tenace, désintéressé, et peut-être héroïque, eut raison de mon entêtement. Puisque vous m'aimiez à ce point, il ne m'était plus possible de dire sottement que tout était désespéré.

Et j'ai eu beaucoup de douceur – de

douceur qui semblait bien être celle de l'amour – à vous voir m'aimer et à rester près de vous. N'analysez pas ce souvenir : je ne peux voir en lui que de l'amour.

Pour moi, je ne sais pas très bien quel sentiment me poussait à aller vous voir à Versailles : amour, amitié masculine ?... oui, c'était tout cela que je n'appelais d'aucun nom, mais qui me donnait ces troubles qu'on voit généralement chez des amoureux très jeunes. Je n'étais à Paris qu'une journée par semaine ; le point capital de cette journée était vous voir. Pour rester un quart d'heure avec vous, j'usais mon après-midi entier dans un taxi qui me conduisait à votre « collège ». La surexcitation était la note dominante chez moi avant que je vous aie vu ; quand je vous quittais, c'était l'abattement de la fin d'une attente. Je vous voyais de midi à une heure. Je buvais un peu de thé à onze heures et je déjeunais sans faim à deux heures, parce qu'une boule montait et descendait dans ma gorge.

Les taxis étaient trop lents, les « barrages » épuisants ; à la porte de Saint-Cloud, je ne savais jamais quel tramway prendre : je voulais le premier ; je courais à l'un, puis à l'autre... et chaque fois que je tournais le dos, celui que je quittais prenait le départ. Dans mon impatience, je descendais à la station qui précédait celle où je devais descendre, et quand je me décidais à être patiente je laissais passer cette station trop attendue. Alors je courais avec l'angoisse d'être quelques minutes en retard ; puis je m'arrêtais, parce que j'étais vingt minutes en avance. Je pense que je finissais toujours par être en retard. Je vous apportais des bonbons de chocolat. Nous nous installions dans une petite salle sombre, sur deux chaises dures. Il y avait toujours dans un coin un petit Annamite qui cirait le plancher. Il ne faisait pas de bruit... et tout à coup on l'apercevait. Il nous gênait beaucoup. Il nous regardait, stupide. Avait-il compris ? Il s'en allait. Nous restions l'un près de l'autre et nous avions la petite crainte nerveuse d'entendre la porte s'ouvrir. Vous n'osiez pas appuyer vos baisers. Je voulais être jolie et je choisissais les robes qui pouvaient vous plaire. Quand nous descendions l'escalier, vos camarades m'observaient et vous lançaient un regard de compliment. Je m'amusais. C'était puéril. Vous étiez heureux.

Amours, jeu, affection fidèle... c'était bien tout cela que je n'ai pas cessé d'avoir pour vous depuis ce temps. Pourquoi demandez-vous à le « retrouver » ? Vous avez cessé de le voir, car il fallait que vous ne le vissiez plus, puisque vous vous détachiez de moi. Maintenant que vous êtes fixé de nouveau... mais ailleurs, vous pouvez sans danger pour votre nouvel amour, sans remords pour l'opinion que vous avez de vous-même, me demander de vous paraître celle du temps où vous m'aimiez. Vous n'usez plus du mot *amour* : c'est *amitié* que vous dites ; mais ce nouveau mot recouvre les mêmes choses ; c'est bien de l'amour que vous demandez, mais de l'amour qui se satisfasse de sa seule existence, qui ne soit plus que bonté et renoncement.

Seulement vous avez, pendant un temps si long, demandé à mon cœur de vous offrir l'amour total qui donne et qui exige, l'amour de l'esprit, l'amour du corps... qu'il me paraît difficile d'effacer d'une chiquenaude ces tendances, ces désirs que j'ai pris, que j'ai aimés, que j'ai voulus. Vous ne désirez plus que la bonté ; croyez-vous que nier le reste suffise pour qu'il n'existe plus ?

Pour paraître à vos yeux la femme sublime dont on se souvient sans remords et sans regrets, je devrais vous conserver cet amour et attendre de vous quelques petits services rendus gentiment quand vous n'auriez rien d'autre à faire. Ces petits services que j'aurais pu demander à d'autres, que j'aurais pu ne pas vous demander, si ma paresse ne m'avait incitée à m'adresser à vous, ces petits services sont en effet les seules marques par lesquelles depuis bien longtemps vous me manifestez votre dévouement. J'ai bien hésité à vous les demander et parfois regretté de vous en avoir parlé. Je percevais votre mauvaise humeur et votre refus, si ma demande pouvait en quelque chose déranger l'ordonnance journalière de vos habitudes ; vous agissiez pour moi quand l'acte à accomplir pouvait se faire en même temps que ceux qui entraient dans l'ordre de votre vie. Vous seriez plus empressé maintenant, afin de me prouver votre amitié. Je n'oublie pas le « si l'occasion s'en présentait... » Mais ce ne sont pas là pour moi les marques de l'amitié. Elles résident dans le simple fait qu'il y a quelqu'un à qui, à tous moments, je peux aller dire ma pensée, qui sentira comme moi ma joie ou mon ennui. Je ne pense pas que je peux abuser ; il me semble que je peux être égoïste. À un ami, il faut que je puisse demander beaucoup sans crainte jamais de déplaire. Cette amitié-là, il y a longtemps que vous ne me la donnez plus.

Et c'est ainsi que « cette petite place dans mon cœur », je ne vous la garderai pas. Par une certaine puérilité d'amoureux, je vous avais promis de vous garder toujours une parcelle d'amour vrai, même si j'aimais passionnément ailleurs. Ce n'est pas moi qui me marie ; en moi, il y a votre image qui occupe toute la place ; pour que je ne souffre plus, il faut que vous partiez afin qu'un jour votre nom prononcé devant moi passe comme un souffle sans plus rien effleurer. Je veux cet effacement, car j'ai besoin de paix ; vous, vous avez le bonheur ; un peu d'amour de moi ne vous apporterait rien.

Oui, il est très tard ; je viens d'éteindre la lampe pour laisser entrer dans ma chambre la lumière de la nuit.

Je me sens chaude et souple entre les draps, sous les fourrures ; la fenêtre est ouverte toute grande sur un froid de moins vingt degrés.

La neige dehors est très blanche ; et il règne ce silence étouffé de la neige, ce silence qui attend une révélation dont on sait seulement que l'idée de sa venue fait battre le cœur plus allègrement. Par les fenêtres ouvertes montent les toux incessantes qui hachent les nuits; dans les couloirs, d'autres toux résonnent. Des toux, toujours des toux, s'envolent dans la nuit glacée. Il y a la toux de cette jeune femme qu'on ne voit jamais : toute la nuit, inlassablement, sans arrêt, cette toux craque comme du bois sec; pendant combien de jours encore l'entendra-t-on avant qu'elle ne s'éteigne ? Le corps n'est pas assez épuisé pour que ce soit cette nuit que la lueur du petit jour l'emporte. De la chambre de ce garçon, qui tout à l'heure nous a quittés très vite en cachant le sang qui filtrait de ses lèvres, vient une toux profonde et humide : chaque hoquet amène du sang… Quand aura-t-on le soulagement de savoir que ce sang ne coule plus ? Ma voisine fait entendre sa petite toux rassurante : je ne suis pas seule à veiller. Et, moi-même, je tousse en réponse pour vérifier l'état de mes poumons. Vais-je sentir ce creux, ce vide de soufflet crevé ? Ou bien ce petit déchirement qui fait croire qu'un lambeau s'est détaché ? Ou bien cette résonance pleine qui donne l'illusion que tout est raccommodé ? Que de toux dans la nuit ! Est-ce un hymne ? Où va-t-il ?

Je suis seule, mais pas plus seule aujourd'hui ; moins peut-être. Ce soir, je sais que tout est cassé, et c'est presque un soulagement. Je vais pouvoir réagir sans être arrêtée par l'espoir déprimant que les choses reviendront comme elles étaient. Je veux oublier et continuer de l'avant sans plus regarder vers vous. Le passé veut mourir. Depuis de longs mois, sans savoir, je lutte pour qu'il ne meure pas. Je me suis raccrochée à lui, à vous… avec rage, avec tristesse, avec amour. J'ai voulu que tout continue immuable… et j'ai dit chaque jour : demain ce sera comme c'était autrefois. Ce « demain » n'est pas venu. Hier encore je l'attendais : aujourd'hui je n'ai plus à attendre. Je devrais être plus seule ; j'ai le vertige d'un vide où mon cœur privé d'amour se sent défaillir à la pensée des jours creux qui vont venir. Vous êtes parti, mais je me retrouve et je suis moins seule que ces jours passés où je vous cherchais. Je me suis revenue, et avec moi, je vais lutter pour continuer.

Je sais que «votre vieille amitié» est désintéressée et j'en aurai peut-être besoin un jour. Mais je ne pense plus à elle. Restez quiètement dans votre bonheur, et ne vous souciez pas de moi. Votre esprit ne peut entendre ce soir les toux qui s'élèvent de plus en plus fort dans la nuit froide. Quand vous rencontrez un enterrement à Paris, vous vous découvrez; ici on se cache; on détournerait presque la tête en passant près du cimetière. Demain peut-être, pendant que nous essaierons de rire et de danser, percevrons-nous de loin le bruit fait par un mourant que l'on pleure. Celui-là meurt de ma maladie; un jour comme un autre, pourquoi échapperais-je à ce sort? Resserrés dans ce coin du monde, nous pouvons nous dire : «À qui le tour?» On sent ici, dans l'inanité des jours où chacun lutte comme à l'agonie pour échapper à l'angoisse, toute la misère humaine qui crie : « Pourquoi? Pourquoi? »

Si j'arrivais à vous faire sentir cette misère, vous vous hâteriez de l'oublier; et pour vous rassurer, vous diriez ce que tout homme bien portant dit des lieux où l'on souffre : ce n'est pas si terrible qu'on le dit. Je ne vous dirai rien. Mais laissez-moi : vous ne pouvez plus être avec moi. Laissez-moi souffrir, laissez-moi guérir, laissez-moi seule. Ne croyez pas que m'offrir l'amitié pour remplacer l'amour puisse m'être un baume; c'en sera peut-être un quand je n'aurai plus mal. Mais j'ai mal; et, quand j'ai mal, je m'éloigne sans retourner la tête. Ne me demandez pas de vous regarder par-dessus l'épaule et ne m'accompagnez pas de loin. Laissez-moi.

24 décembre 1930

Je savais que je recevrais une lettre de vous aujourd'hui, comme je sais que j'en recevrai une autre dans huit jours avec vos vœux de bonne année. J'ai fait une boule de cette lettre et l'ai mise dans la corbeille. J'éprouvai un grand soulagement.

Pourtant, je ne puis rien dire contre elle ; je devrais vous écrire, vous remercier et affirmer mon amitié en réponse à la vôtre : je ne peux pas. Votre lettre est très belle ; mon attitude paraîtra mesquine peut-être… mais aucune lettre ne pouvait me blesser davantage, aucune me faire réagir plus violemment pour m'éloigner de vous.

Je ne vous écris pas, parce que je veux vous oublier. Chaque enveloppe revêtue de votre écriture serait, pour moi, une souffrance ; chaque phrase que je devrais vous écrire, une lutte ; je ne pourrais plus vous dire que des choses convenues et mon amour aurait mal au rappel du passé ; je chercherais à connaître votre vie et j'aurais de la peine : je ne veux pas.

Je ne vous écris pas, parce que le déroulement que vous avez donné aux événements m'a froissée. Ce n'est pas votre mariage qui me paraît une injure. Je pensais que j'étais pour vous une amie plus intime qu'un homme, qu'une maîtresse, qu'une femme. Il me semblait que notre affection était assez rare pour qu'elle pût comporter un aveu complet et progressif de l'évolution d'un autre amour dans votre âme. Or vous avez agi comme tout le monde. Vous avez cherché mes défauts et n'avez plus parlé que d'eux ; aviez-vous besoin de vous assurer que vous aviez raison de ne plus m'aimer ? Et vous avez décidé votre mariage, et vous me l'avez appris ; alors pour me dire cette nouvelle, vous avez oublié mes défauts pour vous souvenir de mes qualités, afin de me prier de continuer à vous aimer. Mais moi, vous savez bien, pour me l'avoir tant de fois répété au long des derniers mois écoulés, que je suis par nature, depuis toujours, foncièrement égoïste et que j'ai mauvais caractère : point n'est besoin que je me montre autre à vos yeux. Pour moi, uniquement pour moi, il vaut mieux que je casse net nos relations : vous ne pouvez plus rien m'apporter de ce que je désire en ce moment.

Et votre lettre de ce matin était tout à fait celle qu'il me fallait recevoir. J'avais des tendances à oublier le mal que je sentais ; je voulais le « tourner » ; mon amour imaginait des subterfuges pour se leurrer et se contenter, en fermant volontairement les yeux, de liens d'affection qui traînent après tout amour brisé. On attend encore une lettre; on espère dans une visite retrouver une illusion d'autrefois; le cœur bat quand la porte s'ouvre; la poignée de main produit l'émotion du baiser ancien; on conserve soigneusement une rose apportée; un compliment banal paraît un regret. Puis l'enchantement s'en va, et l'on sait très bien que tout cela est faux. Ce sont des lianes souples qui s'agrippent, retiennent dans un passé évanoui et laissent sans force pour agir et vivre.

Si je ne vous aimais pas, je pourrais vous revoir; quand je ne vous aimerai plus, je vous reverrai peut-être; en ce moment je ne veux pas.

Je ne veux pas vos mots d'amour qui n'en sont plus. Je ne veux pas être bercée ce soir par votre voix câline parce que vous m'avez fait mal. Si l'on veut retenir un chat qu'on a blessé, il griffe et se sauve; n'essayez pas de me retenir.

Je n'aime pas vos consolations, je n'aime pas vos souhaits, je n'aime pas que vous m'imaginiez malheureuse et que des mots dans une lettre s'efforcent avec ardeur de prouver que vous connaissez mon mal et que vous vous sentez près de moi. Vous ne savez plus ce que c'est qu'être près de moi. J'ai souri de «votre affection»; devant mes yeux l'image de «Bébé» m'est apparue avec une expression de rage et de souffrance : c'était au temps où vous m'aimiez et où je vous avais dit que j'avais beaucoup d'affection pour vous. Vous me souhaitez d'être heureuse et je vous vois très bien me cherchant un mari, un amant pour me consoler.

Vous pensez que Noël sera triste pour moi et vous voudriez me bercer. Oh! non, je ne veux pas de vos caresses et Noël ne sera triste que si je le veux bien. J'ai froissé votre lettre et j'ai cru à une délivrance. J'ai, de ce geste, secoué vos caresses et l'enlisement dormeur du passé. Je me suis retrouvée agressive, prête à regarder bravement la vie sans vous ; elle est peut-être plus belle sans vous : elle est neuve... ce qui s'y inscrira sera toujours la même chose ; ce ne sera pas meilleur... ce sera attendre encore. Mais qu'aurais-je près de vous à continuer les simulacres d'une vie qui s'est éteinte ? Ce serait une religion sans foi ; il me faut une autre foi : votre présence m'empêchait de la trouver. Je vais être gaie ; vous n'aurez pas à me consoler. Noël !

Il y avait bal ce soir. La salle à manger était décorée de banderoles de couleurs vives. Une grande table ornée de fleurs réunissait les malades groupés aussi bien que possible par couples selon les affinités extérieures. Nous avons dansé très tard dans la nuit. Je me suis amusée. J'ai eu la sensation qu'un grain de ma folie, de ma fantaisie d'autrefois, revenait. Je me suis regardée agir ; je prévoyais les conséquences possibles de cette vie normale… mais je jouais. Qui sait, il y avait peut-être une trêve avec la maladie ! Elle doit bien de temps en temps se reposer, avoir des dimanches et des jours de fête… Ces jours-là, il doit être possible de vivre comme autrefois. Demain, nous reprendrons la vie sévère du malade : il faudra lutter. Mais il est bon ce soir de rire très fort, tandis que s'évanouit avec étonnement la petite crainte de sentir le poumon éclater ; il est bon de boire du champagne qui enflamme les joues ; c'est un peu de congestion mais n'y pensons pas : il ne peut pas y avoir d'hémoptysie ce soir. Et comme il est bon de danser ! On peut rester debout, se lever, s'asseoir avec vivacité. Le corps retrouve, avec un bonheur presque religieux, la cambrure souple pour s'appuyer contre le danseur, l'abandon intelligent qui épouse les mouvements de l'autre corps et suit ceux-ci, fidèle comme une ombre et léger comme elle. Quand le corps se meut sur un rythme, une autre vie s'élève ; le monde se transforme pour prendre comme centre cet endroit précis, au milieu de la poitrine, où semblent converger les rythmes sonores des instruments et les oscillations souples des chevilles.

Danser, c'est le rythme de vie le plus heureux; danser quand on croyait ne plus le faire, c'est une victoire gagnée.

Légèrement grisée par ce rythme, près de mon danseur d'un soir, qui demain aura oublié cette veille, je suis montée lentement jusqu'à ma porte; et nous nous sommes quittés après un baiser, sans rien nous dire.

ANNEXES

AVANT-PROPOS DE CHARLES DU BOS

à la deuxième édition de l'ouvrage [1]

Commenter, nous dit Littré, signifie proprement méditer, et se rattache par l'étymologie à mens – le vocable que le De Trinitate a rendu auguste, et qui figure le centre de gravité des plus profondes spéculations de saint Augustin : sine mente, affirme-t-il, l'homme n'est qu'une bellua videns, n'est qu'une «bête qui voit». Mais nul commentaire ne vaut qui ne se fonde à chaque instant sur l'attention réflexive, sur celle-là même que définit Leibniz : «La réflexion n'est autre chose qu'une attention

1. *Approximations*, Fayard, 1965.

à ce qui est en nous.» Cette attention à ce qui est en elle, Marcelle Sauvageot paraît la détenir à l'état inné, et elle l'exerce avec une simplicité qui semble chez elle le naturel même de la rigueur. Si l'intelligence est féminine, en cette acception positive où la qualité de femme ajoute à l'immédiateté et à la délicatesse des prises intuitives, l'usage en est viril par l'absence de toute complaisance. Là réside avant tout la distinction d'un livre qui restitue son titre à sa pureté originelle, et qui partout est indemne de ces «commentaires» dont presque toutes les femmes (et que d'hommes sont femmes à cet égard!), comme d'autant de bandelettes protectrices, enveloppent, atténuent, édulcorent leurs aveux.

«Je me parlais à moi-même, mais l'austérité de ce monologue me fatiguait parfois; il est tellement plus facile d'avoir un complice qui plaigne, approuve, écoute; on prend de l'importance; les choses qu'on dit deviennent tangibles, forment un univers de roman où l'on prend un rôle. Jusqu'à quel point respecte-t-on l'absolue vérité?» J'imagine que, même dans la présence, dans le dialogue effectif avec ce «complice» que, quelques lignes après, en termes ici encore plus exacts, elle appelle le «double» : «J'avais besoin d'un double», Marcelle Sauvageot ne devait guère s'écarter de «l'absolue vérité». Mais le livre ne débute que lorsque le dialogue effectif est d'abord interrompu par la séparation dans l'espace, puis rompu par l'arrivée de la lettre où l'interlocuteur annonce son mariage, accompagnant la nouvelle, avec cette indélicatesse masculine quasi immanquable en pareil cas, de l'offre de son «amitié». Mais Marcelle Sauvageot sait ce qu'est l'amitié, si l'interlocuteur l'ignore : «L'amitié, je crois que c'est de l'amour plus fort et plus exclusif... mais moins "tapageur"», et il n'est rien de moins «tapageur» que *Commentaire* si ce n'est l'auteur telle qu'elle y transparaît. Ainsi Marcelle Sauvageot est rendue à sa vraie nature de monologuiste : vite elle reconnaît et même salue une éventualité que d'avance elle avait prévue, et qui même avait d'avance influé sur sa manière d'être ; et *Commentaire* est un monologue où l'élément épistolaire ne dépasse pas – selon le titre d'un livre allemand qui eut son heure de renom – celui des *Briefe die ihn nicht erreichten*, de ces « lettres qui n'atteignirent pas le destinataire ». En fait ici, dès que le destinataire cesse d'être ce « Bébé » qui, lui, nous est dépeint avec ses attributs individuels, il n'est plus qu'un personnage anonyme, l'homme même en son insuffisance amoureuse, en sa duplicité si instinctive, si organique qu'elle n'affleure même pas à la conscience : avec celui-ci la simplicité et la rigueur de Marcelle Sauvageot ni ne veulent ni d'ailleurs ne pourraient poursuivre le dialogue, et dans *Commentaire* l'interlocuteur n'est plus que la cause occasionnelle à la faveur de laquelle, ramenée sur son invariant, elle renoue l'habitude de « se parler à elle-même », à elle seule, et conduit jusqu'à sa limite l'« austérité » de son monologue. Austère, il n'est pas d'épithète qui convienne mieux non seulement à la teneur, mais à la beauté artistique du livre qui ressemble à ces statuettes japonaises de haute époque où l'émotion personnelle est toute résorbée, où l'*expression* est celle-là même de la concentration immobile.

« Quand je serai guérie, tu ne trouveras plus que j'ai mauvais caractère. Je suis malade. Tu m'as dit que les malades s'efforçaient d'être plus doux avec ceux qui les entouraient ; et tu m'as cité de beaux exemples. Je ne t'aime pas quand tu fais des sermons ; tu me donnes envie de bâiller, et, si tu me fais des reproches, c'est que tu m'aimes moins : tu me compares à d'autres. Les malades sont doux, mais moi je suis épuisée ; toute ma force s'use à continuer et à dire "merci" à ceux qui ne comprennent pas. Mais toi, qu'avais-tu besoin d'un “merci”? Tu n’as pas compris parce que tu ne sais pas. Je t’ai demandé de quelle humeur tu serais, si pendant huit jours seulement tu ne dormais pas. Tu m’as répondu que cela ne t’arrivait jamais, mais que ça ne devait pas être agréable. Évidemment, tu ne comprends pas.»

Évidemment : à un bien portant, pour comprendre un malade il faut presque du génie, comme à un malade, pour toujours être doux avec les bien portants il faut presque de la sainteté. Nulle séparation dans l’espace qui égale cette frontière que tracent entre les êtres la maladie et la santé, et c’est dans le train qui l’emporte vers le sanatorium, qui vient donc ajouter la séparation dans l’espace, que la malade formule la constatation. En revanche toutes les femmes se retrouveront dans cet argument universellement féminin : «Si tu me fais des reproches, c’est que tu m’aimes moins : tu me compares à d’autres.» Si à cet argument les femmes recourent avec une monotonie à la fois désespérante et exaspérante, c'est qu'appliqué à l'homme trop souvent il est valable : trop souvent, sinon quand il « fait des reproches », du moins quand il « compare à d'autres », c'est en effet le signe que l'homme « aime moins » –, tandis que « faire des reproches », « comparer à d'autres » a souvent chez la femme le résultat qu'elle aime davantage parce que, soulagée par reproches et comparaisons, après coup elle éprouve qu'elle a attenté à l'amour, à *son* amour, en la personne de celui qui à ses yeux l'incarne. Thème courant, mais sur la mélodie fondamentale duquel le cas de Marcelle Sauvageot brode la plus subtile variation dissonante, car chez elle, en toute conjoncture, il y a encore « un petit coin de conscience qui toujours sait ce qui se passe », qui « ne vibre pas », qui « juge » et qui « mesure » :

« C'est du bonheur d'être bouleversé et de ne plus rien savoir. Mais avoir encore un petit coin de conscience qui toujours sait ce qui se passe, qui, parce qu'il sait, permet à tout l'être intellectuel et raisonnable d'avoir aussi à chaque seconde quelque chose du bonheur qui arrive, avoir ce petit coin de conscience qui apprécie lentement l'évolution de la joie, la suit jusqu'à ses fins les plus extrêmes, n'est-ce pas du bonheur? Il y a un petit coin qui ne vibre pas, mais ce petit coin reste le témoin de la joie ressentie. C'est lui qui se souvient et qui peut dire : j'ai été heureux et je sais pourquoi. Je veux bien perdre la tête, mais je veux saisir le moment où je perds la tête et pousser la connaissance au plus loin de la conscience qui abdique. Il ne faut pas être absent de son bonheur. »

D'aucun de ses états intérieurs, Marcelle Sauvageot n'est « absente », mais qu'il est précieux et rare aujourd'hui de rencontrer ce respect du bonheur, ce désir qu'embaumé par les soins de la mémoire il survive exactement tel qu'il fut vécu. Rappelons-nous la confidence de François, le héros d'*Aimée*, ce François qui ressemble à Jacques Rivière comme un frère : « Pur de tout vice, j'étais pourtant affligé d'une perversité d'ordre psychologique... Je n'aimais point le bonheur. » C'est parce qu'elle aime et le bonheur et le souvenir du bonheur, parce qu'il lui faut ce « témoin de la joie ressentie », que Marcelle Sauvageot est reconnaissante au « petit coin qui ne vibre pas ». Seulement à ce « petit coin » rien n'échappe, rien surtout ne saurait échapper de ce qui a trait à l'autre quand cet autre est l'homme que l'on aime, et, que le « petit coin » le veuille ou non, de ne vibrer point lui donne sur l'autre le plus impitoyable avantage : « Ce coin de moi vous a jugé, vous a mesuré ; et en vous jugeant et en vous mesurant, je voyais vos faiblesses, vos insuffisances... » Mais c'est ici même qu'intervient cette subtile variation dissonante que le cas de Marcelle Sauvageot brode sur la mélodie fondamentale du thème courant : chez la plupart des femmes, la connaissance des « insuffisances » de l'homme aimé figure *le temps faible* de l'amour, lequel ne retrouve son *temps fort* qu'après, dans la réaction contre l'attentat que la connaissance vient de commettre sur l'amour ; connaissance et amour entrent en jeu selon un rythme de succession, si cette succession est rapide et sans cesse se renouvelle ; chez Marcelle Sauvageot au contraire connaissance et amour coexistent en une parfaite simultanéité, et c'est pourquoi elle ajoute aussitôt :

« Où est le mal si je restais, si j'acceptais ces insuffisances, si je les aimais ? Oh ! homme, tu veux toujours qu'on t'admire. Toi, tu ne juges pas, tu ne mesures pas la femme que tu aimes. Tu es là, tu la prends ; tu saisis ton bonheur, elle semble ne plus s'appartenir, avoir perdu toute notion : tu es heureux. Elle t'a crié : je t'aime et tu es satisfait. Tu n'es pas brutal ; tu es doux, tu lui parles, tu t'inquiètes d'elle ; tu la consoles par des mots tendres, tu la berces. Mais tu ne la juges pas, puisque tu lui demandes d'être heureuse par toi et de te dire qu'elle est heureuse par toi. Mais si tu t'aperçois que deux yeux te regardent, puis sourient, tu te révoltes. Tu as l'impression qu'on t'a "vu" et tu ne veux pas être vu : tu veux "être" seulement [...] tes faiblesses sont à moi. Je les ai découvertes peu à peu en t'examinant sans trêve. Je souffre que tu aies ces travers, mais je ne voudrais pas que tu changes. [...] Rien n'est plus attachant que les faiblesses et les défauts : c'est par eux que l'on pénètre l'âme de l'être aimé, âme constamment cachée par le désir de paraître semblable à tout le monde. [...] Ne te plains pas de ce que je te juge et te mesure : je te connais mieux et ce n'est pas pour t'aimer moins. »

Ce que Marcelle Sauvageot définit ici, que pour sa part elle éprouve, mais dont il est presque sans exemple qu'à qui l'éprouve la vie consente la réciprocité, ce n'est rien de moins que *l'amour de compréhension*, celui dont pendant dix ans Goethe et Charlotte von Stein goûtèrent, vécurent la fine pointe que restitue la pièce de vers unique dans la poésie universelle : *Warum gabst du uns die tiefen Blicke*, cet amour à propos duquel, en l'un de mes Aperçus inédits sur Goethe, j'écrivais : « S'aimer non plus sans se comprendre mais tout à l'inverse en se comprenant – et ici il faudrait même ajouter s'aimer *parce que* l'on se comprend, car ici la compréhension est le fondement, le noyau même de l'amour – s'aimer parce que chacun des deux voit l'autre tel qu'il est et non pas tel que jamais il ne fut – ah ! c'est là un des plus rares, un des suprêmes chefs-d'œuvre humains. »

Mais, réciproque, l'amour de compréhension postule avant toute chose l'égalité des êtres et je laisse aux lecteurs de *Commentaire* le plaisir, à travers les perforantes analyses, si sereines en leur désenchantement, de découvrir en quoi consistait ici l'irréductible différence des rangs. Et il y a ici plus encore : une phrase capitale montre que, par-delà même l'amour de compréhension, ce que, sur le plan sentimental, Marcelle Sauvageot visait en dernier ressort, c'est cet amour proprement créateur où, à partir de l'absolue compréhension réciproque, de l'union des deux êtres il en naît un troisième : un être tout ensemble vivant et immatériel, présent et invisible, fait du « meilleur » de chacun des deux, d'un meilleur qui chez chacun des deux existe à l'état de donnée authentique, mais que tous deux « veulent » conduire à sa perfection d'accomplissement – l'amour que réalisèrent Robert et Elizabeth

Browning[1], et dont *By the fire side* de Browning déroule les inépuisables et toujours ascendantes métamorphoses. Voici la phrase de Marcelle Sauvageot : «Et ce qui me fait souffrir, ce n'est pas tant la mort d'un amour que celle d'un être vraiment vivant que nous avions créé l'un et l'autre, que peut-être moi j'avais créé seule… Cet être était une union de vous et de moi, tels que nous nous voulions l'un et l'autre.» L'amour qui, partant de la compréhension, débouche dans cette création-là, humainement il n'y a rien au-delà, et c'est pourquoi le livre que je prépare sur Robert et Elizabeth Browning porte en sous-titre «ou la plénitude de l'amour humain».

«Que peut-être moi j'avais créé seule…» C'est seule que Marcelle Sauvageot avait créé cet «être vraiment vivant», et, l'amour mort, c'est à sa solitude essentielle qu'elle est rendue :

1. Il s'agit de *Robert et Elisabeth Browning, ou la plénitude de l'amour humain*, Méridiens Klincksieck, Paris, 1982. *(N.d.E.)*

« J'essayais de garder un petit appui en dehors de vous, afin de pouvoir m'y accrocher le jour où vous ne m'aimeriez plus. Ce petit appui, ce n'était pas un autre, ce n'était pas un rêve, ni une image. C'était ce que vous appeliez mon égoïsme et mon orgueil ; c'était moi que, dans la souffrance, je voulais pouvoir retrouver. Je voulais pouvoir me serrer moi-même sur moi, seule avec mon mal, mes doutes, mon manque de foi. Dans la détresse, c'est parce que je me sens, que j'ai la force de continuer. Si tout change, si tout me fait mal, je suis moi avec moi-même. Pour que je me sois perdue, il aurait fallu que je fusse sûre de n'avoir plus besoin de moi. »

Laissons à un « complice » désormais hors d'usage le soin d'appeler, à la suite de tant d'autres, « égoïsme » et « orgueil » le mouvement – instinctif, élémentaire à la manière d'un besoin, en même temps que s'y concentre toute la dignité de l'être – qui consiste à « se serrer soi-même sur soi ». Il n'est guère de mouvement plus profond, plus poignant, plus inévitable, et qui même, en tant que mouvement initial, puisse développer plus de conséquences. Souvenons-nous de la parole si vraie de Maine de Biran : « Deux pôles de la science humaine : la personne *moi*, d'où tout part, la personne *Dieu* où tout aboutit. » Qu'à la personne *Dieu* elles aboutissent ou non, pour les natures avant tout attentives et réflexives il est certain que ce n'est qu'à partir de la personne *moi* qu'elles y peuvent aboutir, et que pour elles en tout cas c'est de la personne *moi* que tout part. Que sur cette innéité de l'attention réflexive se greffent à la fois la souffrance du cœur et la maladie du corps – ah ! seuls ceux qui « évidemment ne comprennent » ni l'une ni l'autre peuvent taxer d'« égoïsme » et d'« orgueil » le repli de toute l'énergie sur la citadelle.

Seulement, dans l'enceinte de la citadelle,

que se passe-t-il? Est-ce le monologue qui reprend et se poursuit? Est-ce le dialogue intérieur qui s'inaugure? «Je me parlais à moi-même», mais il est deux façons de se parler à soi-même : il y a celle du monologuiste pur dont Amiel présente le cas limite, Amiel dont j'écrivais naguère : «Il se connaît de cette connaissance sans restriction, détachée et comme inhumaine, où l'on se voit repasser pour ainsi dire devant soi-même, identique toujours et toujours prévisible» : le péril en réside dans ce caractère cyclique et circulaire, car, ainsi que le marquait Ramon Fernandez à propos du Proust des *Intermittences du cœur*, «ce n'est point progresser que de comprendre de mieux en mieux que l'on ne progresse pas» –, et il y a aussi celle de l'Augustin de la trente-troisième année telle qu'elle s'exprime dans la première lettre à Nébride : «J'ai lu ta lettre à la lueur de ma lampe, après mon dîner. J'étais tout près de me mettre au lit – je ne dis pas de dormir, car une fois couché, j'ai longtemps réfléchi, me parlant à moi-même, Augustin avec Augustin.» – «Augustin avec Augustin» : c'est ainsi que s'inaugure le véritable dialogue intérieur. Si c'est de la personne *moi* que tout part, si c'est sur elle que d'abord il importe de se replier, le stage suivant repose en revanche sur un dédoublement de la personne *moi* – oh ! non point ce dédoublement avec lequel de longue date les psychologues nous ont familiarisés, ni même celui en fonction duquel, dans un commentaire récent sur *Note et Digression* de son *Léonard*, Valéry écrit : «La personnalité est composée de souvenirs, d'habitudes, de penchants, de réactions. Elle est, en somme, l'ensemble des plus promptes réponses de l'être – même quand cette promptitude amène la tendance à différer. Or, tout ceci peut être regardé comme accidentel par rapport à la pure et simple conscience dont l'unique propriété est d'*être*. Elle est, au contraire, parfaitement *impersonnelle*» –, mais bien ce dédoublement *spirituel* où, par-delà la zone du seul *psychologique* et non moins par-delà la zone de la conscience *impersonnelle*, dans le dialogue intérieur des deux Augustin, l'un des deux, l'Augustin dont la personne *moi* vit dans le temps sa durée concrète, découvre que l'autre Augustin tout ensemble le déborde et le transcende, lui est tout incommensurable, que cet autre n'est rien de moins que l'*âme d'Augustin*, une âme non point *impersonnelle* mais personnelle jusqu'à l'unicité, *internum æternum*, cette réalité intérieure à nous-mêmes qui est en nous la réalité éternelle –, et c'est pourquoi dans le *De Anima et ejus origine*, dans le traité *De l'Ame et de son origine*, l'Augustin de la soixante-cinquième année profère cette phrase dont jamais ne s'épuise la vérité : «Trop hauts, trop puissants pour nous-mêmes, nous dépassons les bornes étroites de notre science, nous ne pouvons pas nous emparer de nous-mêmes, et pourtant nous ne sommes pas hors de nous.» – «Nous ne pouvons pas nous emparer de nous-mêmes», mais – et c'est ici que se situe la toujours récurrente erreur, ici que se commet le plus grave contresens – non point parce que ce nous-même est tout «accidentel par rapport à» une «conscience parfaitement impersonnelle», non point parce qu'en son inconsistance ce nous-même tend vers le vide ou vers le néant, mais tout à l'inverse parce que «trop hauts, trop puissants pour nous-mêmes, nous dépassons les bornes étroites de notre science». Jacques Rivière le sentait lorsqu'en une de ses plus pénétrantes intuitions, il disait : «Il y a toujours entre nous-mêmes et notre âme une fine, une décourageante différence.» L'objet du véritable dialogue intérieur, c'est de nous conduire de la sorte jusqu'à ce seuil mystérieux où, sans «pouvoir nous emparer» d'elle, nous effleurons notre âme même; et de l'avoir effleurée ainsi, suffit pour que plus jamais nous ne puissions douter de la réalité de son existence. «La foi en l'âme, écrivais-je ailleurs, est une réalité, tout comme l'âme elle-même : c'est la même réalité, et une réalité dont on peut vivre en attendant que l'on débouche dans la pleine réalité à laquelle cette foi en l'âme nous destine», et tôt ou tard l'on y débouche parce que jamais la grâce ne se refuse à ceux qui ne refusent pas d'aller jusqu'à leur âme, et tôt ou tard l'âme elle-même s'efface devant Dieu qui l'a créée, et ce jour-là, avec le saint Augustin des *Confessions*, c'est à Dieu qu'elle adresse, dans toutes les acceptions du terme, le cri de *reconnaissance* : *Tu autem eras interior intimo meo.* «Mais vous étiez plus intérieur en moi que mon fond le plus intime.»

Ce trajet est celui-là même qui s'offre à tous les *attentifs-nés*, qui s'ouvre devant eux comme la voie qui assure à toutes leurs facultés l'emploi le plus fécond et le plus élevé : à tous ceux-là, bien portants ou malades, il est pareillement proposé : seulement, même nés attentifs, les bien portants sont sujets à des distractions innombrables, d'où il résulte que souvent ce n'est pas que la maladie qu'« évidemment ils ne comprennent pas ». Lorsqu'ils sont déjà des attentifs-nés, les malades sont par surcroît des *Invités à l'attention*, ainsi que les appelle Claudel dans l'admirable texte qui porte ce titre :

« Parmi eux, si je pouvais choisir, je m'adresse non pas à ceux chez qui la maladie n'est qu'un accident, une épreuve momentanée, mais à ceux, pour employer une expression qui paraîtra bien cruelle, chez qui elle est une *vocation*, une conversion définitive de toute la nature. Je m'adresse aux *acclimatés*, à ces patients à la manière de Pascal, qui n'attendent pas de guérison, mais qui, leur état une fois accepté, tournent sur cette condition étrange qui est la leur le regard lucide à la fois du chrétien et du savant, et qui sont capables de méditer cette parole substantielle : "Mon espérance est du côté de mon attention." »

Attentive par *vocation*, et « invitée à l'attention » par cette autre vocation que lui est devenue la maladie, comment l'« espérance » de Marcelle Sauvageot ne serait-elle pas « du côté de » son « attention », comment ne rencontrerait-elle pas Celui dont parle le vers du même Claudel :

Quelqu'un qui soit en moi plus moi-même que moi.

Vigile de Noël – 28 décembre 1933

NOTE DE CHARLES DU BOS

Les pages ci-dessus partirent pour Davos à l'adresse de leur destinataire le 29 décembre. Je savais déjà que l'état de Marcelle Sauvageot ne lui permettait plus d'écrire, et j'avais résolu de me rendre auprès d'elle, d'abord parce que je ne voulais pas donner le bon à tirer de cet Avant-Propos sans qu'il eût obtenu son agrément, sans qu'elle-même m'eût assuré qu'il ne contenait rien qui lui parût inexact ou qu'elle souhaitât différent, ensuite et surtout parce que je voulais me trouver là au cas où la fin de cet Avant-Propos eût éveillé en elle le désir d'un examen intérieur dont elle pût alors, dans la plénitude de sa liberté, s'entretenir avec une présence amie. J'arrivai à Davos dans l'après-midi du 1er janvier : le double effort de lire elle-même et d'être attentive à ce qu'elle lisait lui étant devenu impossible, j'appris que l'Avant-Propos lui avait été lu la veille par un ami, et à un moment où sa lucidité – toujours parfaite quand elle n'était pas sous l'action des narcotiques – témoignait d'une extrême vigilance. Le jour de mon arrivée, je la vis avec les deux amis qui étaient là, et cette conversation, où elle et moi faisions connaissance, se maintint sur le terrain de Commentaire et de l'Avant-Propos. C'est le jour suivant, à la fin de l'après-midi du 2 janvier, que nous eûmes notre première heure de tête-à-tête, et cette heure suffit pour qu'après m'avoir dit : « Au fond je ne sais pas si j'ai vraiment perdu la foi », lorsqu'elle eut réentendu le Pater, l'Ave et le Credo, elle ajoutât cette seule phrase :

« Ces prières, je les ai bien souvent récitées, et j'y ai toujours souscrit. » Le lendemain, dans le même admirable esprit de simplicité et d'enfance (au sens que sainte Thérèse de l'Enfant Jésus a restitué pour nous au mot), réconciliée avec Dieu, et au sein d'une paix qui plus ne la quitta, elle reçut – et deux d'entre nous avec elle –, « le pain vivant descendu du ciel », et le surlendemain, un ami de plus étant arrivé et se joignant à nous, nous fûmes quatre à le recevoir. Obligé de regagner Paris, je lui fis le 5 janvier ma dernière visite, et c'est à Paris que dans la soirée du 6 janvier me parvint la dépêche m'annonçant qu'elle s'était endormie paisiblement à cinq heures de l'après-midi, tandis que les cloches appelaient les fidèles au Salut en l'honneur de l'Épiphanie. Comme dans notre dernière conversation je lui demandais qui, selon elle, avait su rendre le paysage lorrain qui lui était cher, elle m'avait répondu : « Claude, lui seul, en certains de ses ciels et de ses fonds » –, et ce fut par un temps et dans une lumière dignes de Claude, ayant devant nous la Côte des Hures et sur notre gauche l'éperon des Éparges, que le jeudi 11 janvier nous la reconduisîmes à l'église et au cimetière de son village de Trésauvaux.

14 janvier 1934,
deuxième dimanche après l'Épiphanie.

VISITE DE LA PLAINE À LA MONTAGNE

par

JEAN MOUTON

Commentaire appartient à la catégorie des «écrits intimes». Jean Giraudoux, dans une préface pour la réédition d'*Aurélia* de Gérard de Nerval, s'étonnait de leur rareté dans la littérature française : «C'est qu'ils supposent un élément indispensable, l'intimité de l'auteur avec soi-même et c'est une liaison que la plupart de nos écrivains ont évitée.» Ces textes allient une grande sincérité à une grande lucidité, alliance qui ne se produit qu'en de très rares occasions.

Trois éditions de *Commentaire* se succédèrent ; la première en 1933, la seconde en 1934 précédée d'un avant-propos de Charles Du Bos (à La Connaissance, chez René-Louis Doyon), la troisième sur l'initiative de Jacques Chardonne en 1936 (chez Stock[1]). Le livre fut oublié dans la période d'après-guerre, où prévalut une littérature volontariste et construite. Mais assez vite il attira l'attention de lecteurs et surtout de lectrices attentives : Clara Malraux dans ses Mémoires (*Le Bruit de nos pas*, tome IV, p. 283) affirmait : « *Commentaire* aurait dû être une date dans la littérature féminine. Premier livre écrit par une femme qui ne soit pas de soumission... Ah ! ce n'est pas elle qui, comme Colette, aurait trouvé normal d'accepter des caresses qu'elle

1. Signalons, en outre une édition pirate illustrée, parue à Bruxelles en 1943 aux éditions de La Mappemonde, et une traduction allemande d'après l'édition de 1934 parue à Berlin, B. Ulrich Riemerschmidt Verlag, en 1939 : *Kommentar*.

n'appelait pas... Livre d'une tristesse sobre, écrit devant la mort et devant la faiblesse masculine qui se pare d'autorité; livre de dignité, puisqu'on ne peut empêcher le départ, celui de l'autre, le sien. Tout cela avec une rigueur un peu sèche. Admirable.»

Et, enchaînant, Clara Malraux raconte que c'est au retour d'un voyage en Chine avec André Malraux que, dans l'espace réservé d'une cabine de wagon-lit, une dispute naquit entre eux au sujet de *Commentaire* : «Qu'est-ce que vous lisez avec tant d'intérêt? – Attendez, je vous le passerai dès que je l'aurai terminé. Il n'y avait vraiment pas d'autres ressources dans ce train que la lecture ou la dispute. Nous nous sommes disputés dès qu'il eut feuilleté *Commentaire*. – Évidemment ce livre était fait pour vous plaire. – Pourquoi? – Parce que c'est un livre de jugement. – Regarder un homme avec lucidité serait-il interdit aux femmes, quand l'inverse n'est pas vrai et que depuis belle lurette les hommes ne s'en sont pas privés?...»

Henri Gouhier, qui rendit visite à Marcelle Sauvageot quelques jours avant son départ pour Davos, écrivit dans la *Vie Intellectuelle* de décembre 1933 : «Une ironie sans méchanceté ni prétentions métaphysiques jette une lumière douce sur ce paysage dévasté, une ironie qui paraît être moins une disposition de l'esprit qu'une qualité des choses.»

Commentaire, écrit en dehors des franges du temps, saisit des êtres fort différents, que tout opposait; l'un d'eux, Robert Brasillach, subit un destin tragique. Il fut le premier, au printemps 1933, à sentir «ce livre, rare et pur, presque miraculeux pour notre époque[1]». Il ajoutait : «À mesure qu'on le relit, on le trouve plus vrai encore,

1. *La semaine des quatre jeudis.*

plus satisfaisant pour l'esprit et pour le cœur... À nous donner la même émotion et la même impression de lucidité formée par la souffrance, la maladie et l'absence, je ne connais guère aujourd'hui que les pages finales du journal où Katherine Mansfield parle de son mari et de sa vie.»

Jacques de Bourbon Busset, à la suite d'une visite à Hauteville, où Marcelle Sauvageot avait été soignée, notait dans son journal III, *L'Amour durable*, «Sur la route entre Salernes et Divonne, nous traversons le Bugey et faisons un détour pour voir Hauteville[1], ancienne capitale de la tuberculose où se situe *Commentaire*, le court récit de Marcelle Sauvageot, préfacé par Charles Du Bos, qui vaut tout un rayon de bibliothèque.»

1. Premier séjour en sanatorium de Marcelle Sauvageot, d'octobre 1930 à juin 1931.

Brillante époque, celle qui suivit immédiatement la première guerre, où dominait une recherche de la liberté à tout prix. Il s'agissait alors de devenir soi-même, plutôt que de participer collectivement à des ruptures préfabriquées, sans but précis et assez uniformes dans leur réalisation. Les uns découvraient cette liberté en dansant à toute heure du jour et de la nuit ; d'autres en s'initiant au freudisme et en inventant le surréalisme. C'est à ce moment que je rencontrai Marcelle Sauvageot comme camarade d'études ; et je fus un témoin de sa vie, souvent à des intervalles espacés, jusqu'à sa mort à Davos.

Elle s'y trouvait pour soigner une tuberculose qu'elle avait contractée depuis plusieurs années. Elle a vraiment « vécu sa mort », comme le souhaitait lui-même Rainer Maria Rilke. Liée à plusieurs écrivains du mouvement surréaliste, elle était restée néanmoins profondément attachée à la recherche de la vérité, laissant de côté tout ce qui lui paraissait artificiel, trop littéraire, en particulier le souhait de Nathanaël de « mourir désespéré » – et cela d'autant plus qu'elle avait été au bord de ce désespoir. Des circonstances fortuites firent que plusieurs amis se trouvèrent auprès d'elle dans les derniers jours de sa vie. Deux d'entre eux résidaient en même temps à Davos dans des sanatoriums voisins pour y soigner la même maladie : René Crevel, avec qui elle avait des liens anciens, et Jean Peltier, devenu par la suite médecin phtisiologue à Rouen, mort en 1974.

D'autres amis vinrent à Davos pour la voir, réalisant une de ces visites de la plaine à la montagne dont Thomas Mann a donné dans *La Montagne magique* un exemple célèbre. D'abord Henri Rambaud. Il avait dit son admiration pour *Commentaire* dans un article de la *NRF* du 1er septembre 1933 : « À défaut de la puissance de création qu'exigerait un roman, ce beau livre brille d'une psychologie extraordinairement pure de convention, jusqu'à ignorer tout souci de hardiesse.» Il avait persuadé Charles Du Bos d'écrire une préface en vue d'une réédition de ce livre. Charles Du Bos ressentit immédiatement la même admiration que lui; il accepta d'écrire un avant-propos. Bien plus, ayant appris que Marcelle Sauvageot était mourante, il décida, en me demandant de l'accompagner, de partir auprès d'elle à Davos. C'était une inconnue pour lui, mais il entendit, sans qu'il ait été formulé, un appel auquel il lui apparut impossible de se soustraire. Nous arrivâmes à Davos le 1er janvier 1934 où nous retrouvâmes Henri Rambaud venu pour parler à la malade (sans se douter que c'était tout à fait sa fin) d'un projet de réédition à La Connaissance. Pendant le petit nombre de jours qui précédèrent la mort de Marcelle Sauvageot, Charles Du Bos eut avec elle plusieurs entretiens; et il s'établit entre eux une rencontre immédiate. Elle entra dans une grande paix, dans laquelle elle devait s'endormir. Quant à Charles Du Bos, il pouvait écrire plus tard dans son journal : « Davos qui fut un des jours culminants de ma vie[1]. »

1. *Journal*, tome IX, pp. 21-22, La Colombe, 1961.

TABLE

DU MÊME AUTEUR

Aux Éditions Phébus

EN LITTÉRATURE FRANÇAISE

Laissez-moi, 2004 ; Libretto n° 372, 2012.

Cet ouvrage
a été mis en pages par In Folio,
reproduit et achevé d'imprimer
en février 2012
dans les ateliers de Normandie Roto Impression s.a.s.
61250 Lonrai
N° d'imprimeur : 12-0714

Imprimé en France

Dépôt légal : février 2012